国家重点研发计划项目（2017YFB1400601）成果

国家自然科学基金项目（71832013，71821002）成果

跨界服务

模式与案例

吴　东◎著

ZHEJIANG UNIVERSITY PRESS
浙江大学出版社

图书在版编目（CIP）数据

跨界服务:模式与案例 / 吴东著. —杭州：浙江
大学出版社，2021.10
ISBN 978-7-308-21653-1

Ⅰ.①跨… Ⅱ.①吴… Ⅲ.①服务业－商业模式－研
究 Ⅳ.①F719

中国版本图书馆 CIP 数据核字（2021）第 160111 号

跨界服务:模式与案例

吴 东 著

责任编辑	范洪法　樊晓燕
责任校对	李　琰
封面设计	周　灵
封面设计	浙江时代出版服务有限公司
出版发行	浙江大学出版社
	（杭州市天目山路 148 号　邮政编码 310007）
	（网址:http://www.zjupress.com）
排　　版	浙江时代出版服务有限公司
印　　刷	杭州良诸印刷有限公司
开　　本	710mm×1000mm　1/16
印　　张	11
字　　数	180 千
版 印 次	2021 年 10 月第 1 版　2021 年 10 月第 1 次印刷
书　　号	ISBN 978-7-308-21653-1
定　　价	48.00 元

前　言

21世纪以来,我国明确提出产业结构由"工业主导"转向"服务主导",要发展第三产业,提高其在国民经济中的占比。同世界其他的发达国家和发展中国家一样,我国也希望通过发展基于先进科学技术的现代服务业占领新一轮经济发展的制高点。现代服务业指的是以现代科学技术特别是信息网络技术为主要支撑,建立在新的商业模式、服务方式和管理方法基础上的服务产业。它既包括随着技术发展而产生的新兴服务业态,也包括运用现代技术对传统服务业的改造和提升。现代服务业具有三个基本特征,即高人力资本含量、高技术含量和高附加价值,并在"三高"的基础上衍生出新技术、新业态和新方式的"三新"发展态势。基于以上特质,现代服务业既是资本追逐的投资对象,也是消费者热捧的消费需求对象,有着极佳的增值获利空间,对于扩大内需、促进经济转型与产业结构调整具有重要意义。

同时,随着跨界营销发展如火如荼,服务业中的现代服务业跨界服务作为新经济现象也在蓬勃兴起。随之产生了对该领域的理论研究的迫切需求。本书探讨了现代服务业跨界服务的现象、基本概念、理论基础和分析框架,提出了分别针对B端用户和C端用户的跨界服务基本模式,并基于各模式有针对性地选取了10个代表性实践案例。本书的研究成果为我国现代服务业企业的发展提供了有力的理论支持和丰富的方法借鉴,对促进我国现代服务业的成长具有一定的指导意义。

第一,本书探讨了跨界服务的概念。首先对跨界服务进行理论综述,包括跨界服务的特点、模式、现象级以及跨界服务商业模式的分析框架。结合理论研究和大量跨界服务商业活动实践经验,本书从企业竞争战略视角出

1

发,对跨界服务做下述理解:跨界服务是指企业为了更有效地满足用户的多样化需求,以新颖的价值主张为业务导向,以现代科学技术特别是信息网络技术为主要支撑,通过融合多个领域的专业化服务能力来创造、传递和分配价值的经济活动。

第二,本书提出了跨界服务的基本模式。跨界服务具有跨域、融合和复杂的特点,可初步归结为多元化、O2O、跨界颠覆和用户创新4种模式。进一步地,跨界服务又可按照企业商业模式治理框架分为项目型、平台型、模块型、关系型和领导型5类,再根据用户类型的不同,在企业用户(2B)和个人用户(2C)两种情境下衍生出共10种典型的跨界服务模式。因此,对跨界服务模式研究实现了具象化,企业可以更好地借鉴其中理论。

第三,本书总结了跨界服务融合的一般规律,揭示了价值创造来源、过程及治理模式的本质变化。一是业务互补融合——在开放环境下,跨业务领域的互补者正在取代行业内供应商成为价值创造和价值获取的新来源;二是价值网络融合——价值创造过程从基于价值链的线性过程转变为基于价值网络的商业生态系统。三是治理模式融合——跨界服务的治理模式呈现出行业交叉、无边界、自组织与中心化的新特征,跨界融合由资源互补性推动,以降低交易成本为目标,治理模式受到参与者议价能力影响。

本书的成书过程,离不开各界的帮助与支持。感谢浙江大学管理学院刘潭飞、百文晓等研究生参与本书的理论模式研究和案例研究的具体工作。受能力所限,本书中的缺点和错漏在所难免,恳请广大读者给予批评和指正,让我们共同关心和推动跨界服务的创新发展。

吴东

2021 年 4 月

目　录

第1章 概　述

现代服务业已然成为占领新一轮经济发展制高点的决胜产业。其具有高人力资本含量、高技术含量和高附加价值的特点,并在此基础上又衍生出新技术、新业态和新方式的"三新"发展态势。现代服务业既是资本追逐的投资对象,也是消费者热捧的消费需求对象,有着极佳的增值获利空间,对于扩大内需、促进经济转型与产业结构调整具有重要意义。然而,就我国的现代服务业发展现状而言,其起步晚、结构不合理、层次低、地区发展不平衡、市场化程度低、创新能力弱等缺点阻碍了它的发展。因此,优化现代服务业发展十分重要,特别是要提高现代服务业的创新能力,增强市场竞争力。在现代服务业的发展进程中,跨界服务的出现拓宽了服务的边界,它是蓬勃发展的新经济现象。跨界服务改变了传统的价值链视角,它基于价值网络对商业模式进行创新,重新定义企业和用户的关系,具有巨大的发展空间和价值。所以跨界服务作为现代服务业的一环,它的兴盛对我国亦至关重要。然而,正因为跨界服务有异于传统服务,它引发的商业模式创新也是全新的、未知的。目前仍缺乏对跨界服务的系统性研究,该领域尚有大量空白亟待理论填充。因此,本书探讨了跨界服务的概念,进行理论综述,还研究了包括跨界服务的特点、模式、现象级以及跨界服务商业模式的分析框架等内容。本书丰富了新兴经济体跨界服务的研究工作,尤其是总结了跨界服务的商业模式,为我国现代服务业企业的发展提供了有力的理论支持和丰富的方法借鉴,对促进我国现代服务业的成长具有一定的指导意义。

1.1　现代服务业概述

1.1.1　服务业的概念

服务业的概念最早源于西方"第三产业"这一概念。英国经济学家费希尔(Fisher,1935)在其所著的《安全与进步的冲突》一书中最先提出了"第三产业"的概念,并将其用于国民经济产业结构的划分。费希尔因此被广泛认为是"第三产业"概念的首创者。后来,著名经济学家克拉克(Clark,1940)在费希尔的基础上系统地对第三产业的内涵进行了丰富。在其所著的《经济进步的条件》(第3版)中,他主张直接用"服务性产业"替代费希尔的第三产业的概念。克拉克将国民经济结构明确地分为三大部门:第一大部门以农业为主,包括畜牧业、种植业、渔业等,主要特征是能够从自然界获取直接可供消费的产品;第二大部门包括制造业、采矿业等,其主要特征是产品必须通过一定的加工制作才能被消费;第三大部门是服务业,包括运输业、通信业、商业、金融业、专业性服务和个人生活服务、政府行政、律师事务等,主要特征是提供非物质类的产品。这一分类也得到了大量学者的认同。在理论和实践中,国内外学者和相关机构也往往将"第三产业"和"服务业"两个概念混合使用。

在我国,第三产业不仅是一个经济发展和社会进步的经济学概念,同时也是国民经济统计的重要指标。1987年国家统计局对"第三产业"这一概念作了界定,认为第三产业是除农业、工业和建筑业以外的其他各业的总称。具体可以分为流通部门和服务部门两大部门和为生产服务、为生活服务、为提高科学文化水平和居民素质服务及为社会公共需要服务四个层次。2012年,国家标准委颁布的《国民经济行业分类》(GB/T 4754—2011)指出,由于服务业口径、范围不统一,不利于服务业统计和服务业核算,因此,在修订三次产业划分规定时,明确第三产业即为服务业。本书认为服务业等同于第三产业,范围上包括除了第一、二产业外的所有行业,从概念上讲指的是对消费者提供最终服务和对生产者(包括三个产业的生产者)提供中间服务的部门。

1.1.2　现代服务业的概念

"现代服务业"是我国特有的提法,在国外尚不多见。我国最早提出"现代服务业"是在 1997 年 9 月党的十五大报告中。这一概念的提出代表了我国在经济转型过程中对于服务业发展的一种新思考和新认识,具有十分明显的时代特征。后来在 2000 年 10 月党的十五届五中全会关于"十五"计划建议也提出"要发展现代服务业,改组改造传统服务业"。自此,现代服务业成为我国经济中的正式提法。

现代服务业是一个相对动态的概念,是第三产业的延伸和发展。现代服务业在第三产业中是一种类别,即第三产业可以划分为现代服务业和传统服务业。传统服务业以生活性消费服务为主,是直接针对人的、面对面的消费服务。传统服务业具有高需求弹性、低资源依赖性、服务的生产与消费同时进行、难以物化存储而必须由服务人员直接提供等特点,主要包括交通运输仓储和邮政业、批发零售和住宿餐饮业(陈庆修,2007)。现代服务业是在工业化比较发达的阶段产生的,"现代服务业"之所以区别于"传统服务业",主要是因为它是指依托信息技术和现代化管理理念发展起来的、信息和知识相对密集的服务业,与传统服务业相比,它更突出了高科技知识与技术密集的特点(刘重,2005)。

自中央提出"现代服务业"概念以来,国内学者对其含义展开了研究,形成了三个主流观点:一是现代服务业即现代生产性服务;二是现代服务业是以高科技为主的新兴服务业;三是现代服务业是新兴服务业与经过现代技术改造后的传统服务业的总和。2012 年 1 月 29 日科技部印发了题为《现代服务业科技发展"十二五"专项规划》的通知,首次明确提出了现代服务业的定义:以现代科学技术特别是信息网络技术为主要支撑,建立在新的商业模式、服务方式和管理方法基础上的服务产业。它既包括随着技术发展而产生的新兴服务业态,也包括运用现代技术对传统服务业的改造和提升。现代服务业主要包括信息和计算机软件业、金融保险业、物流服务、会计服务、咨询服务、法律服务、科研技术服务、文化体育和娱乐业、房地产业及社区服务业等。

现代服务业具有三个基本特征,即高人力资本含量、高技术含量和高附加价值,并在"三高"的基础上衍生出新技术、新业态和新方式等"三新"发展态势。此外,现代服务业还具有"两低"的特点:资源依赖度低、污染排放低(刘徐方,2012)。正是由于现代服务业具有"三高""三新""两低"的特质,其对优化产业结构、提高产业竞争力和区域竞争力具有十分重要的作用,因此现代服务业既是资本追逐的投资对象,也是消费者热捧的消费需求对象,有着极佳的增值获利空间。

2017年，科技部印发的《"十三五"现代服务业科技创新专项规划》指出，我国经济结构中的服务业比重正在不断加大，我国正从工业大国向工业和服务业并重的大国转型，现代服务业在保持经济增长、促进转型升级中承担的任务更加艰巨，必须坚持创新发展，推动生产性服务业向专业化和价值链高端延伸、生活性服务业向精细和高品质转变，实现服务业优势高效发展，不断释放经济增长新动能。

1.1.3　我国现代服务业发展历程

自1949年开始，我国效仿苏联，重点发展重工业，忽视轻工业，服务业就业比重仅占9.1%，与发达国家相去甚远。1960年，在英、美、日的产业结构中服务业所占比重分别为58%、54%、42%，而我国到1978年服务业占比才24%。经济体制改革后，服务业在我国才有了较快发展，在国民经济中的地位也日益提升。20世纪90年代是我国服务业的快速增长期，服务业不仅整体规模扩大，同时内部结构也有所优化，对国民经济增长的贡献也显著提升，但服务业的年均增长率依然落后于GDP增长率和第二产业年均增长率，即服务业的发展落后于整个国民经济的发展。

进入21世纪后，我国明确提出要发展现代服务业，提高服务业在国民经济中的占比。在前10年间，服务业占国民经济的比重持续快速增长，是三个产业中增长最快的。然而，尽管服务业增速快，但处于主导地位的依然是第二产业。进入21世纪的第二个10年，形势发生了变化。国家统计局的数据显示，2012年我国第三产业产值占国内生产总值的比重为45.5%，首次超过了第二产业的占比，2018年我国第三产业产值占国内生产总值的比重为52.2%，比第一、二产业的总和还多。2015年，我国第三产业对GDP增长的贡献率首次超过了第二产业，达到了53.0%。到2018年，我国第三产业的贡献率已经达到59.7%，相较于2000年的36.2%，上涨了23.5%。由此可见，服务业已经成为我国经济的主导产业，是我国经济增长的重要来源，也成为推动国民经济发展的中流砥柱。在我国三次产业的就业结构方面，第一产业的就业人口占比从2000年的50%降至2018年的26.1%，第二产业的就业人口占比从2000年的22.5%小幅涨至2018年的27.6%；第三产业就业占比则从2000年的27.5%跃至第一，达到了46.3%。可见服务业在过去20年吸纳了大量的劳动力,也成为扩大就业的主要渠道。

除去交通运输、仓储、邮政、住宿、餐饮等在内的传统服务业,仅研究现代服务业,可以看到近 10 年来我国在信息传输、计算机软件和其他科学技术上的高速发展和卓越成果。电信方面,固定电话用户从 2010 年的 2.94 亿户下降至 2020 年的 1.82 亿户;移动电话用户从 2010 年的 8.59 亿户上升至 2020 年的 15.94 亿户,涨幅达到 85.6%。互联网固定宽带接入用户从 2010 年的 1.26 亿上升至 2020 年的 4.83 亿,几乎是 10 年前的 4 倍。互联网宽带接入端口从 2010 年的 1.88 亿个增长至 2020 年的 9.40 亿个。互联网域名数从 2010 年的 907.5 万个增长至 2020 年的 4198 万个,网页数由 2010 年的 600 亿个增长至 2020 年的 3155 亿个。软件业务方面,2020 年软件业务收入 81616 亿元,相比 2010 年上涨了 76686 亿元;2020 年信息技术服务收入 4.99 万亿元,相比 2010 年上涨了 3.10 万亿元。显而易见,作为现代服务业的重要组成部分,信息传输、计算机服务、软件业正保持高速增长。

2020 年金融业增加值为 84070 亿元,相比 2010 年的 25733 亿元,增长了 226.7%。当前金融业从业人员已超过 800 万人,相比 2010 年的 470.1 万人,增长了近 1 倍。金融类上市公司从 2010 年的 2063 家,增长到 2020 年的 4140 家。股票市价总值从 2010 年的 26.54 万亿元增长到 2020 年的 77.53 万亿元。以上数据显示出,金融业作为现代服务业的一部分在过去 10 年间保持着强劲的发展势头。

此外,不论是租赁和商务服务业、科学研究和技术服务业、文化体育和娱乐业、公共管理和社会保障业,还是教育、法律咨询、社区服务等其他现代服务业,都在过去的 10～20 年的时间里经历了快速的发展,对我国国民经济的增长给予了极大的助力。

1.1.4　我国现代服务业发展问题

1.起步晚,发展相对滞后

我国服务业起步较晚,起点较低,在改革开放之后才真正开始发展,且在此后的较长时间内一致处于次于工业的地位。2001 年世界银行的统计数据显示:中等收入国家服务业产值占国内生产总值(GDP)的平均比重为 60%,高收入国家则为 67%,而我国服务业产值占 GDP 的比重仅为 40%,远不及中等收入国家的平均水平。经过十余年的努力追赶,2020 年中国服务业产值占

GDP 的比重约为 53.9%,这在目前已有统计数据的 168 个国家中仅排在第 105 位。因此,无论是传统服务业还是现代服务业,我国都与世界水平有较大的差距,不仅起步晚,而且发展也较为缓慢。

2. 内部结构不合理,整体层次偏低

在 2019 年第三产业增加值的构成中,信息传输、软件和信息技术服务业,租赁和商务服务业两大门类增加值合计比上年增长 14.2%,增速高于第三产业增加值 7.3 个百分点,拉动第三产业增长 1.8 个百分点。物流、信息、金融等现代服务业占第三产业产值的比重近几年虽有增长,但与英、美、德、法、日等国家相比仍有一定差距。这表明,在我国目前的服务业结构中,附加值较低且劳动密集型的传统服务业的比重整体虽呈下降趋势,但仍占比较高,而代表服务业发展方向的技术密集型、高附加值的现代服务项目所占比重则较小。因此,我国服务业内部结构不合理,服务业的整体层次处于中低水平。

3. 服务业的发展存在地区间、城乡间的不平衡

2019 年国家统计局数据显示,北京、上海两地的第三产业产值分别占相应地区生产总值的 87.8% 和 72.7%,而中西部地区如新疆、广西、江西、陕西的第三产业产值则分别占各地区生产总值的 51.6%、50.7%、46.7%、45.8%。无论是从产值占地区生产总值的比重、吸纳就业的人数,还是产业的竞争能力方面,中西部地区都很难与东南沿海这些服务业发达的地区相比。此外,城镇与农村居民的消费结构也显示出服务业的发展不均衡。2019 年,我国城镇居民人均消费支出 28063 元,农村居民人均消费支出 13328 元,城乡居民人均消费水平相差 2 倍多,同时在医疗保健、教育文化娱乐、交通、通信以及居住等各方面消费所占比例不同。城镇居民在衣着(6.5%)、教育文化娱乐(11.5%)上的开销占比高于农村居民在衣着(5.4%)、教育文化娱乐(10.1%)上的开销占比,而农村居民在交通、通信、医疗保健方面的支出占比更高。以上数据显示,我国服务业的发展、服务消费结构在城市和乡村、沿海和内陆之间的非均衡差异很明显,广大的农村地区和西部地区在现代服务业的总体数量、平均质量上依然较为落后,亟须提高。

4. 市场化程度低,创新能力不足,行业竞争力不强

一般而言,市场化程度高的行业,发展相对较快。从我国服务业发展的整体看,零售、贸易、餐饮业、交通运输等传统服务产业的市场化程度比较高,

而在服务业的其他众多领域市场化程度都比较低,市场准入的障碍比较严重,如在保险、电信、铁路和航空运输业都存在垄断经营的状态。由于服务业的市场化程度比较低,在一定程度上销弱了竞争机制在行业发展中的调节作用,制约了企业服务水平、服务档次的提高以及技术、服务创新的积极性,企业在国内与国际市场上竞争能力较弱,难以壮大。

1.1.5 优化现代服务业发展的战略举措

大量的现实经验告诉我们,随着经济的发展,服务业在国民经济中的地位、作用都会上升,服务业的发展应和整体经济的发展以及人均收入相匹配,如果服务业的发展落后于总体经济,则会制约一国的经济发展和经济结构调整,影响经济质量的提升。而发展现代服务业、优化服务业内部结构将会对经济社会的发展带来深远影响和重要作用:一是可以扩大内需,满足互联网时代消费者零散的、个性化的需求;二是可以加快产业结构升级和转型,有助于我国经济增长由高污染、高能耗的方式向环境友好型的方式转变;三是可以推动我国早日跻身制造业强国之列,同时带动新兴产业、社会福利业等相关行业的发展;四是可以稳定就业,服务业能够吸纳大量的劳动力且在面临经济波动时呈现出更强的稳定性。

一般而言,服务业的发展水平会受到以下几个因素的影响:一是经济发展水平。实证研究表明,人均 GDP 较高的国家服务业产出也相对较高,人均 GDP 和服务业增加值之间存在正向相关性。二是消费需求水平。人类需求是分层次的,人们总是在满足了低层次需求后才会转向高层次需求。在现代社会,对农产品的需求属于最低层次的基本需求,对工业品的需求则是较高层次的需求。随着人们收入的增加,越来越大的消费比例将用于服务消费。三是城市化水平。服务产品大多具有生产和消费的同时性,因此服务产品生产地的人口规模对服务业的发展有着重要影响。城市化带来人口集中,集中的人口能产生巨大的服务需求,从而为服务业发展创造条件。城市规模扩大、交易成本降低,也促使服务业水平不断提高,促进人均服务量增长。四是市场化程度。市场在资源配置过程中发挥的作用增大意味着垄断经营受到抑制,市场准入放宽,各主体可参与市场竞争。市场化程度的加深,有利于行业内的良性竞争,有利于产业结构转变,能为现代服务业的发展创造更宽阔的空间。五是信息化水平。由于许多工作需要手工劳动,和制造业相比,服务业的劳动生产率是较低的,这也导致了服务业发展较慢。信息技术对服务业的渗透,能促进服务业的增长,基于信息技术的先进管理可以大幅度降低成本和提高效率。因此,信息化的迅猛发展有助于服务业的发展,对服务业劳动生产率的提高具有重要的作用。

通过以上分析,我们对发展现代服务业的重要意义和影响因素有了基本的认识。为了切实推动我国现代服务业的健康发展,需要执行具体可行的方针。由中国社会科学院战略研究院发布的《中国服务业发展报告》指出,我国新兴服务业未来发展战略应主要着力于以下几个方面:市场引领战略、科技支撑战略、政策扶持战略以及积极开放战略。

1.调整服务业结构,提高服务业效率

现代服务业对经济增长的贡献大于传统服务业,因此要优先发展现代金融、现代物流、信息服务等现代服务业,拓展电子信息技术应用领域,进一步发展和完善金融、证券、保险、商贸领域的电子交易,大力发展远程教育、远程医疗和网络办公,提高咨询服务、法律服务、科技服务业的服务水平和技术含量。运用现代电子和网络技术,改造和革新传统服务业,使之由原来的劳动密集型行业转变为技术密集型行业,从而提升传统服务业的生产率。要加大科技投入,加快知识、技术型服务业的发展,培育现代服务业的竞争优势。

2.加强产业和财税政策对现代服务业的支持

我国制定的产业政策的目标在于进一步优化产业结构。由于不同产业间、产业内部结构的关系以及不同地区发展不平衡的事实,适度通过政策加以引导可以弥补不足。在制定产业政策时,应大力发展农村服务业并鼓励中小企业发展现代服务业,同时调控现代服务业与其他产业(如制造业)协调发展。此外,财政税收政策的合理设计对服务业的发展也有积极作用。现代服务业是我国未来经济发展的主要方向,利用财政投资适当给予现代服务业政策倾斜从而吸引社会资本投资是具有重大意义的。就行业而言,科教文化、通信、公共卫生等公共服务领域是投资重点;就区域而言,中西部地区,尤其是少数民族地区、贫困地区、边疆地区是资金流向的重点区域。除此以外,可以对服务业的税收优惠政策进行进一步的规范,对于具有公益性、福利性等的服务业给予税收优惠,优先支持其发展。

3. 加快城市化进程

城市是服务业发展的主要载体,由于城市化而产生的人口聚集效应可以创造更多的服务业需求,一个区域服务业的发展水平和区域人口的数量、密度都有正相关关系。加快城市化进程、完善城市基础设施和城市功能可以直接带动现代服务业中的房地产、公共服务等行业的发展。城市规划的制定应按照效率优先的原则,对于不同地区、有不同约束条件的城市,制定不同的发展政策,避免简单的一刀切处理办法。城市布局规划要以大城市为龙头、中小城市为中坚力量、小城市和城镇为基本依托,建立起多层次的发展体系。在城市化进程中,要充分认识地区间在宏观布局上的非均衡性。要正视区域之间的差异,防止错位发展,让不同区域的发展能够结合自身条件和自身经济结构的特点,形成大、中、小城市既相结合又具有各自特色的城市发展布局。

4. 扩大现代服务业对外开放程度

现阶段我国现代服务业整体开放程度不高,中西部地区依旧较为闭塞。因此,应该让各个地区在对外开放的过程中能够学到国外的先进经验,来提高我国现代服务业的整体实力。首先,可以将眼光投向海外,同时立足自身,以开放的姿态学习国外的先进经验,引进优质服务项目和优秀的专业人才,并且注重与自身情况的结合,防止洋经验"水土不服"。其次,要进行高起点的规划,在开放的过程中按照国际化的要求制定服务业的发展规划,特别要注意规划实现过程中的发展梯度,循序渐进,分步实施,防止半途而废。最后,要以市场为导向。除公共服务和个别涉及国家安全和由国家垄断经营的领域外,政府要从传统的服务业"经营者"这一角色中脱离出来,转变为规则的"制订者"、秩序的"规范者"和环境的"营造者",致力于培育服务业发展的市场机制,加快推进垄断性行业的改革,放宽准入机制,引入竞争机制。

5. 加快推进现代服务业数字化转型

服务业是我国经济第一大产业,但"80%的服务业没有数字化"的市场存量,揭示着服务业全面数字化尚需继续努力的事实。因此,相关政府部门应该加大对现代服务业数字化转型的支持力度。首先,要加强全产业链视角的顶层设计,建立数据规范和标准,推动企业从采购、物流、生产、销售、配送等业务流程全链条数字化,打通上下游企业的数据通道,形成现代服务业数字化产业链。其次,应探索不同细分行业的数字化转型。细分行业的互联网渗透率差异较大,如电子票务领域的互联网渗透率很高,而大多数行业的互联网渗透率较低。要鼓励不同细分行业进行数字化转型,持续推动生活服务业的数字化进程。再次,可以对企业上云、数字化转型设备、服务购买给予财政支持,提高数字化转型的资金保障,精准解决中小企业资金短缺难题。如针对我国大多数餐饮企业信息化管理水平较低等问题,可通过财政专项补贴等方式,推广SaaS(Software-as-a-Service,软件即服务)等系统在中小餐饮企业的普及使用,让更多企业加入到数字化转型进程中。最后,要大力发展关键技术。围绕5G、大数据、云计算、物联网、人工智能等关键技术,深入剖析产业发展的痛点,推进技术应用落地,构建以企业为主体、市场为导向、产学研深度融合的技术创新与服务体系。未来,更多的服务业数字化"新基建"将为推动现代服务业高质量发展提供新动能、新引擎。现代服务业也有望通过全面数字化转型成为助力宏观经济增长的重要抓手。

6. 鼓励推动大数据商业应用试点示范

大数据试点示范项目作为推动高科技应用实施的重要政策手段之一,应该得到大力的鼓励和推动。规划政府领域的大数据试点项目可以有效地带动政府社会管理和公共服务中的大数据技术应用。不仅如此,通过推进实施大数据在商业领域的试点项目可充分鼓励科技应用模式创新,以及对应的商业模式创新,从而可以反馈于整个产业,以推动产业发展。美国联邦政府在大数据试点项目规划方面有着十分明确的战略方向,其主要特点是"聚焦政府领域应用,落实具体部门"。美国发布的《大数据研究与发展计划》详细地给出了联邦部门大数据项目列表。列表中的项目几乎都是涉及国家战略发展、不适合市场化的核心领域大数据项目,交由具体部门和机构来实施。此外,大数据在商业领域的应用在美国也十分广泛,所以政策引导需着力推动政府领域的项目实施。

7. 推动高新技术在现代服务业的落地和应用

为了使前沿科技和创新技术能够切实发挥价值,而不是仅仅存在于实验室供人观摩,政府应当发挥公共服务组织者的角色,联系高等院校、科研机构、企业等各利益相关方,对接高新技术研发与现代服务业市场需求,将技术创新成果商业化的价值转化机制梳理清楚。同时,应构建高效的产学研用合作机制,打造高校团队和企业之间开放性、社会化的高校科技成果转化平台和专家资源库,面向社会提供创业培训、项目路演、成果对接、政策咨询和技术交易等专业化服务。此外,政府应该加大高端人才引入力度,对于顶尖人才、科技领军人才,开展点对点精准服务,从而帮助以技术为导向的现代服务业抢占科技制高点,催生重大原始创新科研成果,从而带动整个产业的生态建设。

1.2　现代服务业的价值创造与传递

1.2.1　经典的价值链分析视角

1985 年,价值链由美国哈佛商学院的迈克尔·波特在其所著的《竞争优势》一书中首先提出。他将价值链描述为一个企业进行设计、生产、销售、营销、交货和维护其产品的各种活动的集合。这些活动包括基本活动和辅助活动两部分,其中基本活动由内部后勤、生产作业、外部后勤、市场销售、服务等共同构成,辅助活动由包括会计在内的企业基础设施建设、包括招聘培训在内的人力资源管理、包括产品设计在内的产品技术研发、包括购买设备在内的采购,共计四部分构成,如图 1-1 所示。这些互不相同但又相互关联的生产经营活动,构成了一个创造价值的动态过程,即价值链。价值链解释了企业获取竞争优势的途径在于其具有相对优势的战略活动并能比竞争对手更廉价、更高效地完成这些战略活动。

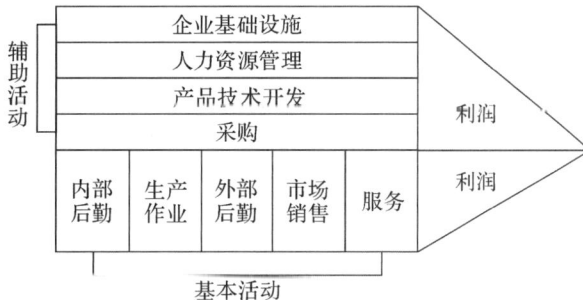

图 1-1　企业价值链

迈克尔·波特提出的价值链理论以企业内部所有活动及创造的价值为研究对象,所以当时的价值链仅指企业价值链。后来,他注意到企业的价值链可能包含在一个更大的价值系统中，这个价值系统除企业自身外，还应包括上游供应商、下游分销商以及终端顾客等环节，即产业价值链，如图 1-2 所示。这种传统意义上的价值链，较偏重于以单个企业的观点来分析企业的价值活动、企业与供应商和顾客可能的连接以及企业从中获得的竞争优势，在制造业中被广泛用于企业分析，以寻找竞争优势。

图 1-2　产业价值链

随着知识经济与信息时代的到来，制造业的大多数职能部门的业务可以由专业性、核心竞争力更强的服务业相关机构承担。如企业基础设施、人力资源管理、产品技术研发以及服务中的价值创造均可由信息服务业与商务服务业承担，其中的财务、会计等相关业务由金融服务业承担；采购、输入物流与输出物流由现代物流业承担；市场营销、销售以及服务可以由专业商务服务公司、专业经销、代理及批零业务公司等承担。现代服务业对制造业的影响和作用日益凸显，价值创造及增值更多地由服务业完成。由于惯性，学者们如同研究制造业企业那样，选用价值链分析方法对服务业企业的价值传递进行分析并管理企业活动。我国学者杨春立、周超、周华等分别对生产性服务业和消费性服务业的价值链进行过详细的分析。

1.2.2　价值链分析的局限性

价值链概念的形成源于产业经济的观点，在整个产业中，产业的价值活动由上游企业向下游企业传递。企业战略主要是在价值链上给一个公司安排一个适当的位置——合适的业务、合适的产品和市场细分或合适的价值增加活动。然而，这种对价值的理解已经快要跟不上时代的发展了。成功的公司不仅仅是增加价值，他们重新创造价值。他们战略分析的焦点不是公司、产业，而是价值创造系统本身。在系统内不同的经济行为主体——供应商、商业伙伴、同盟者、顾客一起工作，共同创造价值。随着互联网、大数据的广泛应用，信息透明度大幅提升，越来越多的学者发现价值链分析具有其应用的条件和局限。

1. 线性思维,注重分析,忽视综合与交互影响

在环境变化不快且与企业业务有关的主体中存在相对影响力很强的主体时,价值链可以较好地服务于该强势主体,其他主体不得不在同样的价值链上寻找自己的位置和优势。但是当环境变化加速,且有关主体需要合作、竞争并存时,价值链的思维方式就难以使用。换言之,价值链模型适用于以往的制造业,但是难以准确解读当下和未来现代服务业的价值创造过程。

2. 注重资源的单向配置,忽视系统中因素的多重影响

价值链的观点认为,下游组织为上游组织提供需求,因而资源分配是从下游向上游单向配置的。然而当今的社会需求往往是双向甚至多向的,上下游可以互相创造新的需求。例如,原本互相竞争的同行业公司纷纷合作,加入到电子商务的价值创造网络之中,它们之间交错复杂的关系很难用价值链来描述。

3. 备选行业已经明确且行业边界清晰可辨

行业边界模糊是随着信息技术和互联网的发展以及行业间技术、业务、运作和市场之间的联系增强而出现的企业向其他产业扩展和渗透,产生跨行业的业务交叉和创新。在这样的背景下,企业原本的价值创造活动不再局限于本产业的价值链,而开始向其他产业延伸,融合其他行业的产品或服务。在行业边界模糊的背景下,与价值链分析框架有关的几种典型范式的前提条件发生了改变,传统的价值链分析极有可能造成企业无法认清真正的竞争对手,难以挖掘跨行业的交叉客户,最终导致企业的竞争力下降,市场占有率萎缩。

4. 企业竞争战略需要或在成本领先和差异化中进行取舍,或在全产业范围和利基市场中进行取舍

价值链分析更确切地说是一种战略决策方法,从价值链各个环节寻找竞争优势的根源,就是识别企业竞争优势的过程。竞争优势归根到底有两种:一是成本领先,即企业需要识别价值生成过程中各个环节所投入的成本,并通过对关键环节的成本控制获得优势;二是差异化,即企业需要识别价值生成过程中采用何种方法能为顾客创造独特的价值体验,使产品从同类竞品中脱颖而出。根据价值链分析,企业往往在以上两种战略中进行取舍,这缩小

了企业的战略视野，给企业带来了更多局限。

5. 企业竞争战略指导企业构建的商业模式往往遵循"二八定律"，为能提供最大价值的客户和产品而服务

实施差异化战略的企业一般定位于那些愿意为高品质支付高价格的客户，而实施成本领先战略的企业通常为那些占市场份额较大且对价格敏感的大众客户服务，因此基于价值链理论的商业模式往往不重视长尾市场的价值。

1.2.3 从价值链到价值网络

互联网的广泛普及，使得原本难以对话的生产商可以与终端消费者进行实时沟通，上游服务企业可以根据消费者的反馈改变自身战略活动。这意味着企业需要重新思考如何向顾客传递价值，也意味着原本处于价值链下游的主体可以对上游主体产生重大影响，传统多元化时代的价值链结构开始发生重构。具体来说，拥有不同核心竞争力的不同企业的价值模块或价值链，开始按照一定的界面标准相互交叉、拆分、重组、融合，形成包含供应商、渠道商、客户以及竞争者的关系网络。这种网络将客户需求与高效化的生产相连接，采用数字信息化供应链概念，追求高水平的顾客满意和公司利润，同时将合作的供应商联系到一起，针对每个顾客的不同选择提供全方位和最大化的价值服务。

从价值链到价值网络，体现更高的合作价值，有利于做到随需应变式的动态化合作。同时还有助于企业把原先单独承担的不确定性风险，转为由网内合作伙伴、供应商等相关方协同分担，形成一种稀释和化解风险的机制，增强竞争战略弹性。在价值网络中，成员建立的相互关系不是零和博弈下的背弃式竞争，而是基于双赢思想的紧密合作，实现了核心能力优势互补、共担风险和成本、共享市场。企业间、用户间以及企业与用户间的链式关系，逐渐演化成为一种相互依存、相互关联的价值网络关系。与价值链相比，价值网络具有如下特点。

1. 价值网络使组织间的联系具有交互、进化、扩展和环境依赖的生态特性

任何组织间的联系不是静止的、单一的和脱离环境的，不论希望在哪一方面获得其需求的满足，必然要得到环境的支持和相关主体的认同或协作。在价值网络中，现有资源的配置不仅直接影响有关主体的行为与选择，而且影响着其他主体甚至整个网络上各主体的行为与选择。

2. 动态发展,扩大空间,促进价值创造

价值网络的运行方式及相应规则需要随时间的推移而改变,而其中的主体在竞争与合作的共同作用下,会关注自己对价值网络的贡献及从中获得的价值。在比较完善的组织制度体系和市场环境中,各主体将更加重视创新活动,注重提高自身的动态能力。这样,企业将突破价值链的束缚,在价值网络中寻找自己的舞台,创造更多的价值。

3. 改进价值识别体系,扩大资源的价值影响

价值网络与价值链相比,同一主体对同一事物的认识会发生很大的差异。由于价值网络中的主体多于价值链上的主体,同一主体在价值网络中的选择多于在价值链上的选择,因此,主体对效益和成本的识别会因角度、范围、相互影响的变化而变化。价值识别体系的扩大和改进,必将为价值网络中的主体提供更多的选择及相互合作的机会。一般来说,价值网络能更加有效地保证有关主体间的有机联系,增强选择性和减少风险,提高组织的环境适应性。

由上述分析我们可以知道,相比于价值链,在数字化时代背景下的现代服务业的价值创造过程更适合用价值网络的方式去理解和描述。

1.3 跨界服务概述

1.3.1 跨界现象的兴起

"跨界"是指打破原有界限,实现界内和界外的联动与协作(吴朝晖、邓水光,2012)。这一概念最早出现在营销领域。跨界营销是指根据不同行业、不同产品、不同偏好的消费者之间拥有的共性和联系,恰当地融合、渗透一些原本毫不相干的元素,进而创造出新的生活态度与审美方式,并赢得目标消费者的好感,从而使营销效果最大化的营销手段。

跨界营销可追溯到米其林公司于 1926 年出台的米其林星级标准。米其林公司作为轮胎制造商却跨界给顶级大厨和餐厅评分,出台了三个等级的米其林星级标准。这一跨界营销大受瞩目,其成功的本质是因为米其林公司看好汽车旅行的发展前景,满足了目标客户(中产阶级)未被满足的需求——追求更有质感的生活。米其林公司通过融合交通、餐饮、休闲、旅行等不同元素,引领潜在客户去获得更多来自互补领域的新奇的用户体验。一方面,这一跨界营销强化了米其林品牌的创新形象,快速扩大了品牌影响力和美誉度,引发了消费者的热议和购买欲望;另一方面,这一跨界营销潜移默化地鼓励人们远行,由此实现提高汽车销量,进而提高轮胎需求量的营销目的。

跨界营销的典型案例有很多,各大名车与奢侈品品牌的跨界合作、故宫周边、联名服饰等跨界营销都堪称典范。比如奔驰与阿玛尼合作推出的限量款 CLK 跑车,路虎和国家地理合作拍摄广告,故宫博物院推出以故宫文物为灵感的故宫文创产品,优衣库与 KAWS 合作的联名 T 恤,M·A·C 和"王者荣耀"合作推出的游戏同款彩妆,都一经推出即获得广泛关注,引起巨大轰动。

跨界营销现象的火热是有其内在机理的。当一个行业的品牌无法以创新诠释新的生活方式或综合消费体验时,就需要借助互补的力量,通过联合几种不同行业的品牌进行诠释和再现,以拓展消费人群和增强品牌价值。

除了与其他品牌合作进行跨界营销,企业进行跨界生产和跨界服务的案例也层出不穷。一方面,互联网企业具有的信息技术优势,使它们具有跨界的先天优势。例如:爱奇艺、小米、阿里巴巴等互联网公司跨界传统制造业,生产互联网电视;腾讯推出的微信抢占了运营商的通信市场;阿里巴巴以支付宝为开端推出蚂蚁金服,依靠移动互联、大数据、云计算为基础的科技创新能力,为全球消费者和小微企业提供安全的、触手可及的、绿色可持续的普惠金融服务。2019 年,蚂蚁金服实现营业收入 1200 亿元,净利润为 170 亿元。尽管蚂蚁金服 IPO 暂缓,但蚂蚁集团依然在 2021 财年给阿里巴巴集团带来了 196.93 亿元的收益。蚂蚁金服已然成为中国互联网金融公司的领军者。相类似的还有京东的京东白条、腾讯的理财通,都表明互联网企业在积极向金融理财行业进军。此外,诸多平台和垂直互联网公司或兼并、收购、联合,或本地化深耕、多地区复制,也纷纷积极跨界互联网其他细分领域,为客户提供集社交、商业、娱乐、技术等为一体的一站式体验。

另一方面,传统企业也在积极"跨界"。例如:海尔集团从传统家电企业发展出引领物联网时代的生态系统,成为 BrandZ 全球百强品牌中第一个且唯——个物联网生态品牌,旗下有上市公司 4 家,独角兽企业 2 家,准独角兽及瞪羚企业 16 家,在全球设立有 10 大研发中心、25 个工业园、122 个制造中心,还拥有海尔、美国 GE Appliances、新西兰 Fisher&Paykel、日本 AQUA、意大利 Candy 等智能家电品牌,日日顺、盈康一生、卡奥斯 COSMOPlat 等服务品牌,海尔兄弟等文化创意品牌。迪安诊断从医疗试剂的代理商跨界提供医学诊断外包服务,依托"产品＋服务"的商业模式成为中国医学诊断外包服务行业代表企业。2019 年,迪安诊断营业收入 84.53 亿元,同比增长 21.33%,实现了长达 9 年的持续高速增长。万达集团作为地产巨头,通过不断发展和并购,在不动产、电影、体育产业、儿童早教、酒店业都处于龙头地位。此外,万达还在努力打造全球最大的旅游企业、全球最大的商业 O2O(线上线下融合)平台,还将商业触角伸向医疗健康领域。2016 年,万达集团服务业收入占比 55%,历史上首次超过房地产收入,净利润也大于房地产的净利润。截至 2018 年,万达服务业收入已达 1609 亿元,占总收入的 75.1%。台湾诚品书店将传统书店创新扩展为新文化场所,加入咖啡店、艺术展等的商业模式,还跨界到商业地产、医疗服务和物流领域,推动"诚品"这一品牌的全面发展。诚品与地产联手合作,打造"商场＋书店"的运营模式,自 2015 年进驻苏州后开设了诚品生活苏州,包含诚品生活苏州、诚品居所以及诚品书店三个业务板块项目,其中诚品居所一经推出便供不应求。

但也应看到,广为称颂的成功案例毕竟是少数,跨界失败的案例数量不容忽视,其中不乏许多传统行业的巨头。恒大集团在 2013 年年底推出的首个跨界快消领域产品——恒大冰泉,便是跨界困境的典型案例。当时,恒大预计 2014 年恒大冰泉销售额将达到 100 亿元,2016 年达到 300 亿元,一时引起全社会关注。但事与愿违,豪门出身的恒大冰泉成绩惨淡,2014 年实际销售 9.68 亿元,到 2015 年 5 月已累计亏损达 40 亿元。作为具备足够资金、产品力和传播力的大手笔产品,恒大冰泉的战绩却是一年亏损 23.7 亿元、累计亏损 40 亿元。2016 年 9 月,中国恒大在港交所宣布将出售粮油、乳制品及矿泉水这些非主营业务,与不同的独立第三方订立协议出售以上业务的全部权益,总价约为 27 亿人民币。维维频繁跨界形成了涉及饮料、白酒、乳业、食用油、房地产、贸易、茶叶等行业的多元版图,但其业务业绩却令人担忧。维维股份的白酒业务在 2015 年的毛利率只有 35.93%(业内平均毛利率为 50% 以上)。被认为是暴利的茶类的毛利率也只有 26.93%,植物蛋白饮料的毛利率只有 14.45%,食用油则只有 1.26%。2020 年,维维被立案调查,维维股份资产负债表呈现了"存贷双高",有息负债金额高达 41.47 亿元。

1.3.2 跨界服务的定义

新一轮信息技术革命使得现代服务业高速发展,后者又推动第一、二、三产业跨产业融合发展,同时也促进了企业、行业的相互渗透融合,行业边界变得模糊,而跨界融合又催生出跨界服务(吴朝晖、邓水光,2012)。吴朝晖和邓水光作为提出跨界服务概念的先驱,给出了前瞻性的定义——跨界服务(crossover service)是一个多学科交叉的概念,可理解为现代服务业中一种新的经济现象或经济活动,亦可视为现代企业管理的新内容和新形式,同时也是信息技术在现代服务业中新的应用场景。因此,跨界服务具有明显的 3C 特点,即跨域(crossover)、融合(convergence)和复杂(complex)。

综合科技部对现代服务业的定义,吴朝晖和邓水光对跨界服务的定义及对现实涌现的跨界服务商业活动的经验总结,以及吴东和姚明明(2017)从企业竞争战略角度给出的跨界服务定义,本书认为,跨界服务是指企业为了更有效地满足用户的多样化需求,以新颖的价值主张为业务导向,以现代科学技术特别是信息网络技术为主要支撑,通过融合多个领域的专业化服务能力来创造、传递和分配价值的经济活动。其中,以互联网为代表的新一代信息网络技术是跨界服务、跨界创新得以实现的支撑,它们加快了行业融合,清理了过去由于信息不对称导致的交易成本和创新的障碍,为跨界服务提供助力和创新价值的新思路。

大多数创新是对现有知识进行重新创造性整合的过程(Schumpeter,1939)。这种重新整合在绝大多数情况下仅适用于企业内部生成的知识和技术,至多到纵向的整合,即加入其行业价值链上下游伙伴的资源和能力。Gambardella 等(2007)研究了 8180 项发明,结果表明组织内部是知识的重要来源,它的重要程度比外部高 3 倍。当然,企业所在行业的价值链成员,如用户、竞争者、上下游企业等仍是企业创新最重要的知识来源。开放式创新理论也强调通过整合上述外部知识以扩大企业的知识基础,进而增强企业的创新力(Chesbrough,2003;Gassmann,2006;Laursen & Salter,2006;Piller & Walcher,2006)。

跨界创新是指创造性地借鉴、引用其他行业已存在的解决方案来满足企业现有市场或产品的需要。其他行业的技术、专利、特定知识、能力、业务流程、通用原则、一般逻辑甚至整个商业模式都可以成为跨界创新的解决方案。跨行业情境下的系统创新展现了开放性创新理论和实践的新现象。

跨界是一种对企业边界的战略选择。恰当地调整边界,企业可以更大限度地获得阶段创新收益,同时也影响自身创新能力的发展轨迹及其在未来进行创新的潜力。因此,跨界战略意义显著。

1.3.3　跨界服务与多元化战略

在技术持续进步和市场竞争全球化不断深化的趋势下,跨界服务呈现欣欣向荣之象。然而,在试图从案例中探究跨界的规律和本质时,我们发现,品牌间的跨界营销常被误认为是跨界的全部要义,跨界服务战略和传统的多元化战略也经常被混淆。

跨界营销多是针对单一品牌、单一产品的单次活动,而跨界服务是企业整体布局下的战略创新。前者是后者题中应有之义,但仅是其中的一环。跨界服务往往涉及企业各项价值创造活动,需要企业技术和商业模式的创新予以支持,这种跨界服务的商业模式创新甚至会颠覆目标行业的价值链。

传统的多元化战略则是通过自建或兼并收购,在原主导产业范围以外的领域从事生产经营活动,本质是一种基于现有各行业产品和市场既定竞争规则的业务扩张战略,其内在动力是企业内部剩余资源和能力的利用,不论该资源是基于供应链、技术、产品、渠道、市场(相关多元化),还是管理能力、资金实力(非相关多元化)等。多元化战略是相对企业原有主导业务范围而言的,因此一般适用于在位企业。特别是资金、技术、市场资源雄厚的大中型企业,会利用这一战略降低风险,寻求新的利润增长点,进而延续其优势地位。无论是实行相关多元化还是非相关多元化战略,企业的目的都在于与目标行业的现有在位企业争夺主流市场。因此,既定行业技术范式和商业模式不会被打破,企业会在主流市场客户群体认可的产品和服务特性方面进行渐进式创新,期望通过建立成本领先或差异化竞争优势攫取其他竞争者的利润和市场地位。

相比之下,企业跨界服务给涉及的新产品服务、新市场带来的创新性更大。实行跨界服务战略的企业会重新定义价值。在实现更好地服务于新的客户需求(包括有意或无意被忽视的非主流客户需求)这一价值目标上,跨界服务遵循创新价值创造的逻辑而非既定行业规则,即跨界服务突出了其"包容性"的特点。无论是开创一个全新的行业领域,抑或是进入已存在的行业,颠覆其既定游戏规则,创新价值,进而更好地提供服务,都是企业的出发点和落脚点。特别是跨界服务关注到了长尾用户所蕴含的巨大商机,通过借助互联网信息技术去挖掘他们的需求,实现商业模式创新来创造性地满足该群体的需求,从而使企业获得新的利益增长点。

行业边界模糊融合、新技术涌现是跨界服务兴起的外在条件,信息网络技术的发展则成了助燃剂。因为,不同于简单地对企业内部现有剩余资源和能力的最大化利用,跨界服务的内源是通过跨边界的知识搜索、资源整合、规则设计,基于新一代信息网络技术,构建有利于企业未来竞争优势的新行业架构,故而跨界服务不再是局限于企业内部固有资源和囿于现有行业竞争规则下主流市场的竞争,而是强调部署前瞻性的创新机会和力争以创新的经营方式开拓新市场或者满足被现有行业主导规则所忽视的那一部分需求,加速行业的融合。跨界服务本质上依靠基于价值网络的架构创新能力和基于跨组织边界的互补资产的整合能力,由此可知,这两种能力的有效组合而非企业内部资源本身是企业跨界服务成功的关键。在架构创新和资源整合的过程中,由于涉及跨组织和行业边界的利益相关者,焦点企业在跨界服务过程中往往有意或无意地对某一利益相关者所在行业带去价值创造或者价值打击效应,这种非线性的外部性影响充分体现了行业融合背景下商业生态系统各组成要素间的相互依存性和复杂动态性。

综上所述,多元化战略和跨界服务战略之所以经常被混淆,是因为它们存在很多共性:第一,两者同属广义的跨界(跨行业边界)范畴,因此,多元化也可被视为跨界服务的早期形态,被纳入广义的跨界服务体系中;第二,两者都会延伸和利用企业剩余经营资源和能力禀赋;第三,两者都是企业内部资源能力对外部环境机会和威胁适应的结果;第四,均伴随新业务产生,两者都扩展了企业边界。但正如上文所述,跨界服务更多地指通过融合不同行业的属性,创造新的行业或产品,必须对原有行业和规则有所革新,甚至造成非线性打击。其竞争优势来自商业模式创新,即创新经营方式,与多元化战略在形态、支撑技术、情境、主体等方面差异显著(见表 1-1)。因此,跨界服务的兴起及其与传统战略的差异使得很有必要对其本身进行研究。

表 1-1　多元化和跨界服务的概念区别

不同点	多元化	跨界服务
形态	基于价值链的早期跨界形态	基于价值网络的新兴跨界形态
支撑技术	传统工业和信息化技术	以社会化媒体、社交网络、移动互联网、物联网、云计算、大数据、人工智能等为代表的新一代信息网络技术
情境	已有的、清晰的行业代码和产品分类的领域	行业边界模糊融合,新技术、新产品和新行业不断涌现的地带
主体	在位企业	新创企业或在位企业
与原有业务关系	相关多元化:与原有主营产品在技术、市场、价值链环节等某一方面具有资源相关性,依托固有核心能力	1.可与原有产品在技术、市场、价值链环节三方面完全不相关; 2.借助原有业务的优势发展起来,是原有业务和其他业务属性融合的产物; 3.企业未来整体战略的关键路径,是新的动态能力和高阶的核心能力
	非相关多元化:与原有业务的关联性很低,可能导致企业战略和核心能力的迷失	
资源和能力来源	1.企业内部; 2.原有剩余资源、能力的利用	1.企业内部和外部; 2.互补资产的搜寻、获取和利用
影响	1.成为新进入行业的竞争者之一,行业竞争更激烈,仍遵循原有行业规则; 2.为新进入行业的主流客户提供了更多品牌选择	1.新进入领域的行业规则被打破,创新做生意的方式; 2.为跨界所涉及的多个行业中的非主流客户或新创造行业的新客户需求提供了全新的解决方案

1.3.4　跨界服务:基于价值网络的商业模式创新

传统的企业竞争思维主要停留在价值链层面,企业本位,即企业是价值创造主体,位于价值链末端的客户只能被动接受产品和服务。跨界服务的兴起改变了这种思维,因为其本质是企业智能整合不同行业领域的商业模式,系统性地创造价值的一种逻辑过程。它会创造出新的交互式竞争战略、价值网络、运营结构和经济工具。因此,过去拥有不同核心能力的企业价值模块或价值链结构是相对独立的,如今开始依据一定界面标准,跨界发生交叉、拆分、重组和融合,形成包括供应商、渠道商、客户及竞争者的关系网络。相互关联的网络结构可以实现用户价值差异化和整合化,最终获得群体竞争优势、网络结构优势和抗风险能力。企业间、用户间及企业与用户间的网络关系会逐渐取代传统的链式关系,演化成相互依存和关联的价值网络关系,甚至价值生态系统。

因此,跨界服务正迅速从多元化时代的价值链体系向开放式价值网络结构转变。独立的企业级别的竞争已成为过去,跨界时代的竞争是价值网络之间的比拼。

回顾跨界服务的定义可以发现,跨组织和行业边界的资源整合、价值创造、架构设计是其要义。跨界服务是一个发现并利用甚至创造机会,对企业乃至行业的商业活动体系进行再设计的过程。它的最终落脚点是满足不同价值网络的客户需求并获得竞争优势。因此,企业要实现跨界服务,本质上是要创新基于价值网络的商业模式。

1.4 商业模式概述

商业模式是企业与要素或产品市场联系的模板。实业界大量创新商业模式获得成功的案例使得业内越来越关注商业模式和它的创新,这也带来了企业竞争的新定义。以 Michael E. Porter 的五力分析模型(1980)起始的经典战略管理理论认为,同一行业的竞争对手才值得企业重视。但随着跨界服务的兴起,它创新了商业模式并成为企业获得竞争优势的新手段,同时也打破了行业壁垒和目标行业的竞争规则,行业外的企业同样可以成为企业不可忽视的竞争对手。如微信、余额宝、滴滴打车就是跨界"打劫"的经典案例,给各自的目标行业带来巨大冲击。

同时,商业模式创新也刺激了跨界竞争的涌现,企业间的竞争由个体竞争转向整个交易网络的竞争。越来越多的企业创新商业模式的视角开始拓宽到其他行业,选择跨行业创新,即跨界服务商业模式创新。因此,这一背景下的商业模式创新不仅是新创企业关注的重点,也成为企业建立持久竞争优势的重要支撑。显然,这种竞争优势将来源于企业所处行业之外的跨界经营。

1.4.1 理论基础及内涵

国内外对商业模式的概念的研究广泛。Zott 等(2011)基于 Ghaziani 和 Ventresca(2005)的研究,在整理和综述大量文献后为已有的商业模式文献提供了多元的视角,并尝试探索商业模式的本源和从多学科、多主题视角检验商业模式。原磊(2007)则从概念本质、体系构成、评估手段和变革过程等方面切入,评介国外商业模式理论研究。本书对商业模式的综述基于过往的研究基础并结合研究主题,主要围绕商业模式的理论基础及内涵进行介绍,以做到更有针对性。后续小节还会涉及商业模式设计、商业模式与战略的辨析。

1.理论基础

商业模式是一种焦点企业与客户、合作者和供应商之间进行交易的结构性模板。商业模式具有有效性和普适性。龚丽敏等(2011)从可证伪性和有用性特征角度考察商业模型,证实了它的有效性。普适性则体现在商业模式在电子商务和其他传统领域都适用。新一代信息技术的进步,为企业、合作者、客户间的组织安排(商业模式)提供了更灵活的方式,也带来了商业模式创新的新机会。

架构理论是商业模式的理论基础。架构理论对理解、设计和管理产品、组织、产业等复杂系统具有重要意义。同时,它为测量、设计商业模式提供了有效视角,剖析了商业模式的整体架构和设计要素。架构的本质是一个相互依赖的复杂系统(Miller,1996),是重要的、独立的设计要素的集合,不同集合呈现出架构不同的模式(Meyer,et al.,1993)。从架构体现一个组织的各种要素按照主题编排和连接的程度,而商业模式正是由架构的设计主题所描绘的。商业模式设计的主题反映焦点企业与外界利益相关者的交易行为,更重要的是,它能描绘企业商业模式的整体形态,实现对后者的概念化表达和测定。因此,架构相当于描述商业模式形态的变量,而非一成不变的理想框架。架构的设计,或者说商业模式设计包含 3 个要素:交易的内容、结构和治理。设计主题需要将这些要素编排和串联,方法可以是新的商业模式设计,也可以复制已有的,总体上是新颖和有效率的。前者以创新为基础,常与强调新颖性联系在一起,如新颖性商业模型;后者以模仿为基础,常与强调低成本联系起来,如效率性商业模式。

2.商业模式的内涵

目前,研究对象和视角的差异使得商业模式的内涵尚缺乏一致的认知,但在一些问题的认识上还是取得了共识。如大家都认为商业模式概念强调用系统和整体的方式解释企业如何经营,是一个新型分析单元,它不仅能解释价值获取,还能解释如何创造价值,等等。

　　总结各派学者的理论,商业模式的定义可以从三个视角进行阐述(见表1-2):一是价值体现视角,强调经营的业务和如何由此营利;二是整合方式视角,强调活动的设计安排,旨在获得收入;三是竞争优势视角,强调企业为获益而开展的一切活动。这三个视角都强调商业模式的价值体现,通过定义商业行为实现价值。每一个商业模式都内含实际流程后的商业系统和它创造价值的逻辑。

表1-2　三大视角下的商业模式定义

视角	代表研究	定义
价值体现视角	Rappa（2000）	根本:企业进行自我维持并清楚地说明其如何在价值链上定位并获利
	Chesbrough & Rosenbloom（2002）	企业如何赚钱,并如何确定自身价值链位置的说明
	Fleisch, et al.（2015）	为企业创造价值,形成创造价值的步骤
	Aithal（2016）	是通过可持续的和预期的结果来创造客户价值的主张
	Muller, et al.（2018）	价值创造机制、价值提供和价值获取机制及其联系的总和
整合方式视角	Zott & Amit（2017）	一种利用商业机会创造价值的交易内容、结构和治理架构。他们描述了由公司、供应商、辅助者和客户组成的网络运作方式
	Morris,et al.（2005）	是一个市场中,通过设置一系列具有内部相关性的风险策略和结构,以获得可持续且富有竞争力的优势
	George & Bock（2011）	分为资源、交易和价值三个维度,分别描述了企业利用资源服务、交易组织和价值创造的架构
	Rai & Tang（2014）	企业与供应商、客户和合作伙伴之间的交易的组织和执行的选择
	Mason & Spring（2011）, Mason & Chakrabarti(2017)	由技术(构建产品/服务的提供和交付管理)、市场供给(产品的生产者—用户交互的结构)和网络架构(所有买家和卖家的商业活动的结构)组成的三维结构

视角	代表研究	定义
竞争优势视角	Shafer, et al.（2005）	企业在价值网络上创造和获取价值的核心逻辑及策略选择的方式
	Arnold, et al.（2016）；Osterwalder & Pigneur（2010；2011）	描述商业策略在概念和结构上的实施及商业过程的基础
	Casadesus-Masanell & Ricart（2010）	策略的选择项，即通过对策略的选择在市场上竞争
	Dijkman, et al.（2015）	企业选择的经营方式
	Reim, et al.（2015）	与合同、营销、网络、产品和服务设计及可持续性经营策略相关

（1）价值体现视角

商业模式是描述价值主张、价值创造和价值获取等活动链连接的架构。它作为包含产品、服务和信息流的体系，其中内含不同参与者的角色、潜在利益和最终收益来源。商业模式专注描述流程背后的商业系统如何创造价值逻辑，而非描述整个复杂系统中的环节。企业创造价值通过价值链定位，将四要素（客户、价值主张、利润公式、关键资源和程序）整合来实现，再将这种价值提供给一个或几个细分客户、公司架构体系及合作伙伴网络。上述价值和关系资本的创造、营销、传递就形成了企业盈利性的、可持续的收益流。

（2）整合方式视角

这一视角说明了企业是如何运作的，复杂业务如何设计体系构造，将公司、供应者、辅助者、伙伴及雇员整合起来。具体包括如何研究其结构和结构要素间的关系，以及如何对现实作出反应并利用商业机会下的交易成分。企业盈利和稳定的收入来源于企业与合作商关系网的架构。企业将关系网架构在一个或多个细分市场，创建、营销、提供价值和关系资本，以便企业的消费者、联盟、供应商之间识别产品流、信息流、货币流和参与者主要利益的角色和关系。

（3）竞争优势视角

商业模式和商业理念有直接关系，前者是后者的实际应用。商业理念是一种根本性的创新，能带来新的客户价值，改变行业规则。商业模式对于商业理念的应用体现在它决定了企业战略、企业架构等一系列内在的决策变量,然后创造出持续的竞争优势来适应市场,还着重表述了企业核心逻辑和战略决策,并用来创造和实现价值网络中的价值。同时,商业模式将技术特征作为潜在的投入,通过客户和市场转换为经济产出。

对比上述研究结果可知,界定和研究侧重点的差异使得学者对商业模式的定义各有不同,但其落脚点都是企业如何通过商业模式创造价值并营利。企业实现收益和获取价值的唯一途径是与客户交易,因此本研究认可 Amit和 Zott(2001)的观点,认为商业模式是指企业以抓住商业机会创造价值为目的而涉及的交易内容、交易结构和交易治理。

1.4.2　商业模式组成要素

受商业模式定义差异性影响,商业模式的组成要素和结构也各异。明确商业模式的组成要素,有助于精确描述商业模式,帮助管理者理解和表述企业逻辑,还能为今后的商业模式研究打下基础。在商业模式的研究中,有些已明确其组成,有些则将要素单独列出。Morris 等(2005)回顾了以往商业模式组成要素的研究成果,本书基于此做了进一步整理和补充,结果如表 1-3所示。

表 1-3　商业模式组成要素

文献来源	组成要素	实证	数据来源
Horowitz & Lai (1996)	价格、产品、配送组织特征、技术	否	
Pasternak & Viscio (1998)	全球化核心、治理、业务单元、服务、联系	否	
Timmers (1998)	产品/服务/信息流建构、业务行动者及角色、行动者收益、收入来源和市场战略	是	详细案例分析
Markides (1999)	产品创新、客户关系、基础设施管理、财务	否	
Donath (1999)	客户理解、市场策略、公司治理、企业内部网络和外部网络能力	否	
Chesbrough & Rosenbloom (2002)	价值主张、目标市场、内部价值链结构、成本结构和利润模型、价值网络、竞争战略	是	35 个案例

文献来源	组成要素	实证	数据来源
Gordijn & Akkermans (2001)	行动者、市场细分、价值提供、价值行为、利益相关者网络、价值界面、价值传递、价值交换	否	
Linder & Cantrell (2001)	定价模型、收入模型、渠道模型、商业过程模型、基于互联网的商业关系、组织形态、价值主张	是	70 个 CEO 的访谈
Hamel (2000)	核心战略、战略资源、价值网络、客户界面	否	咨询客户
Petrovic, et al. (2001)	价值模型、资源模型、生产模型、客户关系模型、收入模型、资本模型、市场模型	否	
Magali, et al. (2002)	产品、客户关系、合作者基础设施和网络、财务	是	详细案例分析
Afuah & Tucci (2001)	客户价值、范围、价格、收益、联结活动、实施、能力、可持续性	否	
Weill & Vitale (2002)	战略目标、价值命题、收益来源、成功因素、渠道、核心能力、客户细化、IT 基础设施	是	调查研究
Applegate & Collura (2000)	概念、能力、价值	否	
Amit & Zott (2001)	交易内容、交易结构、交易治理	是	59 个案例
Alt & Zimmermann (2001)	使命、结构、过程、收益、合法性、技术	否	文献综述
Rayport & Jaworski (2002)	价值簇、市场空间提供物、资源系统、财务模型	是	100 个案例
Betz (2002)	资源、销售、利润、资本	否	
Bonaccorsi, et al. (2006)	产品/服务渠道、顾客、成本结构、收入	是	146 个案例
Brousseau & Penard (2007)	成本、收入来源、可持续创收、产品/服务的生产与交换	否	
Ojala & Tyrväinen (2007)	产品战略、收益逻辑、渠道模型、服务和执行模型	是	8 个案例
Calia, et al. (2007)	价值创造、客户、内部资源、市场定位	是	详细案例分析

续表

文献来源	组成要素	实证	数据来源
Aldebei, et al. (2008)	价值网络、价值主张、价值架构、价值财务	否	
Wu, et al. (2010)	价值主张、价值网络、收入模型	是	详细案例分析
Teece (2010)	产品/服务技术、客户获益、市场细分、收益来源、价值实现机制	否	
Wu, et al. (2012)	价值主张、价值创造、价值传递、价值获取	否	
Wu, et al. (2013)	价值创造、价值获取	是	详细案例分析
Dijkman, et al. (2015)	客户细分、价值主张、渠道、客户关系、收入来源、关键资源、关键活动关键伙伴、成本结构	是	详细案例分析
Teece & David (2017)	价值主张、收益模型、成本模型	否	
Zhang, et al. (2017)	主体、商品、操作模块、交易模块	否	
Fjeldstad & Snow (2017)	客户、价值主张、产品/服务提供、价值创造机制、价值主张机制	否	
Kurniawan & Abidin (2020)	关键伙伴、关键活动、关键资源、价值主张、客户关系、渠道、客户细分、成本结构、收入来源	是	详细案例分析

尽管不同时期不同学者提出的商业模式的组成要素不尽相同,但在价值、竞争力、利润方面他们达成了共识。企业价值提供、经济模型、客户界面、合作者网络、内部基础设施和目标市场等要素被多次提到。

1.4.3 商业模式设计

"商业模式设计"概念的雏形来自 Amit 和 Zott (2001)提出的 4 类电子商务企业的价值创造来源——效率(efficiency)、互补(complementarity)、锁定(lock-in)和新颖(novelty),具体见表 1-4。这 4 类价值创造来源是基于价值链、熊彼特创新、资源观、战略网略和交易成本理论,以及对欧美 59 家电子商务企业的案例研究得到的,它们的界定为后续商业模式的研究奠定了基础。这 4 类价值创造来源存在于商业模式中。Amit 和 Zott (2001)基于上述研究成果与战略和创新领域的相关理论,还提出可将商业模式作为一个分析单元,即描绘企业交易内容、结构、治理的设计,从而探索商业机会来创造价值。其中:交易内容指被交易的产品和信息,以及产生交易所需要的资源和能力;交易结构指参与交易过程的成员及其连接方式;交易治理指相关成员对信息、资源和产品流动控制的方式。该研究的贡献在于,它不仅指出商业模式概念的有效性,还能解释并预测现有分析框架不能解释的实践情况,如电子商务中的价值创造。

表 1-4　价值创造来源和商业模式关联

商业模式概念	价值创造来源			
	效率	互补	锁定	新颖
交易内容	交易机制, 交易速度, 议价能力, 市场、销售、交易过程、交易流程花费, 获得大量的产品、服务和信息, 合作企业的存货, 成本, 交易便利, 需求总和, 供应总和, 交易的可扩展	跨界销售, 参与者的活动, 线上和线下交易的整合	交易可靠性, 联盟计划, 直接网络的外部性, 间接网络的外部性, 交易安全机制, 参与者的学习投资	新的参与者, 大量的参与者和产品, 参与者之间新的连接, 大量的连接(质量和深度), 商业方法上的专利申请, 基于交易秘密和版权的商业模式结构, 商业模式的首创
交易结构	获取有利于决策的信息,减少信息不对称,增强交易的透明	线上和线下资源和能力的整合、获取互补性的产品服务和信息、纵向整合产品/服务、横向整合产品/服务、参与者的技术	通过第三方来增进信任, 参与者配置专用资产, 本地设计、客户定制和个性化产品	新的(连接)产品、服务和信息
交易治理		开发联合专用资源的动机、参与者的联盟能力	忠诚项目, 信息流动安全和流程控制, 对客户个人信息使用的控制, 团队观念的重要性	新的激励机制

来源:Amit & Zott (2001)。

进一步地,Amit 和 Zott (2001)基于电子商务的价值创造源泉分析框架,聚焦跨组织边界的商业活动,构建了"商业模式设计"概念并开发了它的测量量表。商业模式设计的测量同样以能考虑整体的架构、形态和设计元素的架构理论为基础。此外,创新和效率也影响企业在不确定环境下的价值创造。Miller (1996)就认为两者是商业模式要素编排和连接的主题。所以,尽管可通过其他价值创造主题来描绘商业模式设计,如锁定性设计(尝试保留利益相关者)和互补性设计(强调产品、活动、资源和技术的绑定),Zott 和 Amit (2007)还是遵循了 Miller (1996)的研究,选择聚焦效率性和新颖性的商业模式设计来建立理论并检验。通过对 190 家欧美初创企业展开实证研究,他们分析了商业模式设计对企业绩效的影响。结果显示,新颖性的商业模式设计显著影响初创企业的绩效,而对效率性的影响却并不显著。另外,同时满足新颖性和效率性的商业模式设计往往并不经济,不能实现企业预期的理想绩效。此后,Zott 和 Amit (2008)又通过实证研究分析了商业模式设计与企业产品市场战略的匹配度对企业绩效的影响,发现在新颖性商业模式设计和企业绩效间起正向调节效应的包括差异化产品战略、低成本战略和市场进入领先战略等。

借鉴 Zott 和 Amit (2007)对企业商业模式构成要素的划分,本书认为商业模式包含交易内容、交易结构和交易治理 3 个子要素,并选择用商业模式设计中的效率性和新颖性这两个主题来表示它们,开展对跨界服务商业模式的评价。因为这两个主题不仅符合现代服务业的特点,是企业在不确定性环境下创造价值的基本选择,而且符合企业技术战略。

为方便表述,后续将以"效率性商业模式设计"和"新颖性商业模式设计"分别表示以效率为中心和以新颖为中心的商业模式设计。效率性商业模式设计指企业通过商业模式实现交易的有效性,核心是减少交易成本;新颖性商业模式设计指发现并运用能被实现的新的经济交易模式,如和无交集的新合作伙伴产生联系,或与原交易伙伴以新的方式或交易机制产生联系。两种设计不存在正交关系(新颖性的设计也可以带来更低的交易成本)和互斥关系,可同时存在。确定商业模式设计主题的意义在于,它能反映焦点企业与外界利益相关者的交易行为,更好地描绘商业模式的整体形态,甚至实现概念化表达和计算。

1.4.4　商业模式与战略

商业模式和战略的关系在学术界一直未达成共识,甚至存在针锋相对的观点。一派观点认为两者不同(Shafer, et al. , 2005; Osterwalder, et al. , 2005)但互补,商业模式有助于战略选择分析和验证(见图 1-3(A));Magretta(2002)和 Teece(2010)也认为两者是不同的概念,且它们的互补体现在共享一些核心要素,两者整合分析有助于探究企业可持续竞争优势的来源(见图 1-3(B))。但这也引发了对商业模式研究的学术地位的质疑,因为有些学者认为,商业模式就是战略的另一种说法,本质是一样的。他们认为战略多用于信息技术领域,商业模式多在管理领域提及(见图 1-3(C))。比如 Applegate 和 Collura(2000)提出的商业模式概念和 Porter(1985)提出的战略概念基本没有区别。从这个意义而言,商业模式概念的提出就变得毫无意义,只不过是新经济或互联网时代的概念炒作。也有观点认为,商业模式是战略的组成部分,譬如 Santos 等(2009)认为商业模式回答的是战略概念中"how"(如何创造价值)这一部分的问题(见图 1-3(D))。但 Hamel(2000)提出相反意见,他认为战略仅是商业模式的一个组成要素(见图 1-3(E))。各派学者众说纷纭。本书认同商业模式和战略不同又互补的观点,下面将具体辨析。

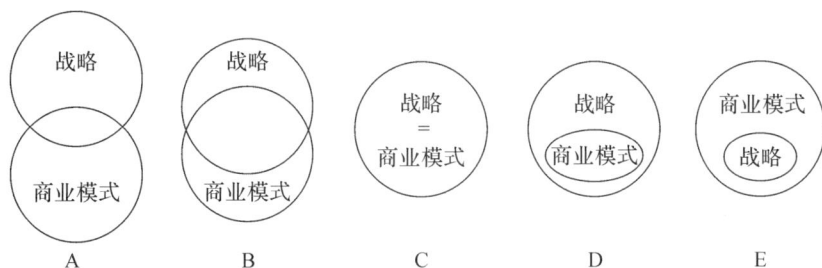

图 1-3　商业模式与战略的关系

来源:Seddon & Lewis(2003)。

1. 战略的理论基础

权变理论是战略的理论基础,其核心概念是匹配,认为企业需要在选择、互动、系统方法三种形式上保持一致。权变理论通过分析企业内各个独立部分,对比变量间和它们与绩效间的关系了解企业行为,主要解释了企业能获得竞争优势的情况类型。它的突出贡献之一在于提出了企业战略与结构间的联系,并验证了这对企业绩效有影响。

对于战略和结构的联系的研究,Chandler(1990)针对美国大型企业及产品市场多元化的路径的研究结果显示,改变管理行为后(这些管理行为组件成为组织模式的雏形),企业的生产量增长并实现了扩张以及横向和纵向的整合,由此引发了学术界对"战略受结构影响"的争论,还预示了结构调节和战略间的管理认知和技能的逻辑。关于战略、结构和企业绩效之间的争论一直持续,近年才开始聚焦于它们之间的动态匹配和因果关系,并扩展到不同类型的战略和结构之间的研究。

2. 商业模式与战略的差异

商业模式和战略从概念内涵上看,构成要素非常相似。Porter(1985)提出的企业战略六要素包括正确的目标、价值主张、价值链、有所取舍、战略间的匹配以及战略方向的持续性战略。对于商业模式的组成要素,Chesbrough和 Rosenbloom(2002)认为是价值主张、目标市场、内部价值链结构、成本结构和利润模型、价值网络和竞争战略。可以发现,两者都包含价值主张、价值链和目标市场(正确的目标),都要为企业发展做出重要抉择。面对多种商业模式时,战略是选择和配置商业模式,而成型的商业模式反映了已付诸行动的战略。延伸来看,商业模式其实反映了企业静态的战略定位,而战略是对商业模式的动态变革。商业模式和战略的概念交叠会误被当作可以相互替代,但是要明确的是,两者是完全不同的概念,并非词的两种语义。它们的差异不能忽略。这主要体现在以下三点。

(1)强调的核心不同

商业模式强调价值创造,围绕价值构建模型,并关注持续性的价值创造、价值获取与占有,强调在特定时间和范围内提升价值并成为竞争的挑战者。战略更强调竞争优势,侧重价值取向和竞争优势的形成。因此反映到战略制定上,重中之重是应对现有的和潜在的竞争者造成的收益威胁。

(2)解决的主要问题不同

为了确保盈利且能持续运作,商业模式要解决企业如何盈利,企业的内、外部环境和各方关系维系等问题。而战略则要指导企业运营,决定其长期的运营方向和目标,以及为实现这些目标所需要采取的行动等。商业模式的重点是解决如何创造价值的问题,战略却要关心商业运作过程创造的价值如何转化为股东收益,需要有财务方面的结构。

(3)对企业、客户和第三方组织知识陈述的假设不同

商业模式的前提假设是知识认知是有限的,因此信息的影响力对早期初创企业和成功企业有不同的效果。战略的前提假设是存在大量真实有用的信息,在此基础上仔细分析、计算和选择。

3. 商业模式与战略的联系

尽管商业模式与战略是不同的,但它们作为企业行为的两个组成变量,既相互影响又相互补充。商业模式是企业的一种结构,它通过具体活动形成系统,实现盈利;战略则强调竞争和获取企业绩效。商业模式关注内部运营;战略重视外部竞争。商业模式和战略的合作起到相辅相成的作用,共同帮助企业良性发展。

商业模式作为一个虚拟层次起到连接战略和战术的作用,还与战略间存在匹配关系(Miles, et al., 1978)。Miller (1988)在验证了架构与绩效之间的关系和证明架构、结构、环境三者组成的特定结构对绩效的解释力的基础上,提出以下 4 个观点:第一,战略和环境存在强相关;第二,战略对结构起决定性作用;第三,战略和结构都无法单独解释绩效;第四,结构与环境间的非直接相关导致二者存在弱相关。不同于上述研究主要关注战略和通常意义上的内部组织架构,Zott 和 Amit (2008)开始关注战略与包含外部结构的商业模式之间的关系。他们基于权变理论,通过实证验证了商业模式设计与产品市场战略的匹配和企业绩效间的关系。以新颖性商业模式设计和效率性商业模式设计为例,前者与低成本产品战略、差异化战略和市场陷入战略结合对企业绩效有正向调节作用,后者与这些战略匹配却未显现出明显影响。某种程度上商业模式比企业战略更普适,将两者结合起来,可以更好地创新商业模式设计以获取持续的竞争优势。这种竞争优势也是企业独有的,是难以复制的,它的创造和发展来源于商业模式和战略的互补匹配。

因此,商业模式和战略的整合和适配将有助于企业合作和技术开发。不同环境下商业模式和战略的匹配应是不同的。为适应新的环境,战略会发生改变,由此引起的激进战略变革也要求企业的商业模式进行相应创新和变化。总而言之,企业的商业模式和战略不仅会互相影响,两者的匹配度也会影响企业绩效,探究企业模式的演化以及商业模式与技术战略的共同演化是

当前研究新的关注点。

1.4.5　商业模式对新兴经济体的重要性

当一个国家或地区经济蓬勃发展，就会被称为新兴经济体。在对新兴经济体中产业和企业发展的研究上，许多学者常从技术追赶的视角去解释发展，但这忽略了商业模式对企业的重要性。他们认为，一定的技术能力积累或所在行业的技术阶梯与市场接轨，以及拥有了适宜的技术体制是新兴经济体内企业取得快速发展的前提。技术追赶研究主要关注以下新兴经济体行业：彩色电视机行业、电信产业、电子信息制造业、风力涡轮机产业、汽车类产业、纺织业、炼钢业和消费电子业。

然而，并不是所有企业的快速发展都适合利用技术追赶理论进行解释，特别是服务业。服务业的发展并不同于上述由于技术革命带来发展的企业，大量服务业中企业的成功都依赖于其商业模式的创新。原因有二。首先，服务业不同于制造业有统一的技术或产品比较标准，在市场上获得巨大成功的企业未必是在技术或产品上领先于其他企业，更可能是在竞争优势的其他层面领先于竞争对手并反映到最终绩效上，即利用商业模式获得了市场的成功（吴晓波等，2013）。其次，一些新兴经济体的产业并未体现出起步阶段落后于发达国家的特征，甚至还早于发达国家，技术追赶理论就不适用于这样的案例（吴晓波、吴东，2011）。

互联网企业就是如此，技术并非互联网企业竞争的核心，或者说它们所掌握的技术水平高低差异并不大，企业的成功与否取决于其能否让用户获得更好的体验，技术或产品仅是实现这种体验的载体。所以，以 Amit 和 Zott（2001）的研究为开端，学术界对互联网企业的关注焦点从产品创新转向了商业模式创新。一套新颖、效率、锁定及互补的商业模式可以使互联网企业及其他利益相关者创造更多价值。由于以互联网为代表的新一代信息技术是近十几年兴起的，所以先发国家和后发国家的互联网企业并未存在明显差别，甚至还存在后者赶超前者的现象。以中国和美国的互联网企业为例。在中国方面，网易成立于1997年，搜狐和新浪成立于1998年，阿里巴巴成立于1999年；在美国方面，雅虎成立于1995年，亚马逊成立于1995年。以阿里巴巴为例，它巨大的电商服务平台，特别是移动支付业务目前已经全球领先，实现后发对先发的赶超。总体上，新兴经济体的互联网企业发展速度惊人。以中国为例,网易从 2002 年到 2019 年,雇员数由不到 400 人升至过万人,年收入由 2668.4 万美元升至 84.53 亿美元;百度从 2004 年到 2019 年,雇员数由 349 人发展至 28305 人(核心公司,不包含百度控股子公司),年收入由 1340.1 万美元升至 153.26 亿美元。在电商企业方面,阿里巴巴在 2019 年员工达到 10.2 万人,实现收入 537.76 亿美元;京东截至 2019 年年末有超过 22 万名员工,收入 823.24 亿美元。截至 2020 年 7 月 7 日,阿里巴巴和腾讯的市值都已经突破 5 万亿港元,超过了美国最大银行摩根大通和最大金融公司伯克希尔。在中国,互联网产业的领军企业都取得了相当大的成功。

那么,究竟是什么因素使得互联网企业获得如此大的成功? 不同于传统制造型企业偏重产品创新,互联网企业更加侧重利用商业模式创新产生新的价值,进而提升企业绩效。以上互联网企业,均是利用先进的商业模式不断提升用户体验满意度而获取成功的。所以可以说,互联网企业的成功就是其商业模式创新成功的反映。因此,商业模式创新在新时代背景下对新兴经济体显得尤为重要。

第 2 章　理论基础

本章包括商业模式及其创新的理论基础、商业模式创新的理论研究、跨界服务的理论研究等内容。

2.1　商业模式及其创新的理论基础

2.1.1　交易成本理论

交易成本理论由罗纳德·科斯(Ronald H. Coase)在 1937 年发表的《企业的性质》(*The Nature of the Firm*)一文中最早提出。科斯认为,交易成本的存在是各种治理结构存在的根本原因,价格机制的替代物就是企业。在《社会成本问题》(*The Problem of Social Cost*)(Coase,1960)一文中,科斯明确地使用了交易成本这一概念,并进一步对交易成本的内容进行了界定。在科斯看来,交易成本也就是利用价格机制的成本,大致包括以下几个方面:第一,发现相对价格的成本。市场价格是不确定的,由未知到已知,需要付出代价。第二,谈判和缔约成本。交易中不可避免地要讨价还价,以及签订和履行合约,这些过程之中有成本发生。第三,其他不利因素带来的成本,如保障签约的成本、解决交易细节问题花费的成本。

此后交易成本的内涵与外延不断丰富,如阿罗(Arrow,1969)从制度层面将交易成本定义为"经济制度的运行成本",其中包括信息成本、排他性成本以及公共政策设计并执行的成本。研究者逐渐将此概念扩展到了所有维持制度运行的费用,这样就使得交易费用的内容涵盖到度量、界定和保证产权的费用,发现交易对象和交易价格的费用,讨价还价、订立交易合同的费用,以及执行交易与监督违约行为、维护交易秩序的费用等。

而真正使交易理论得到全面和系统发展的是奥利弗·威廉姆森(Oliver Williamson)。他在《市场与层级制》(*Markets and Hierarchies*)(Williamson,1975)一书中在遵循阿罗把交易成本规定为利用经济制度的成本基础上,将交易成本视为交易过程中难以避免的"摩擦"。他认为,交易成本之所以存在,是因为交易环境因素与人性因素交互影响,产生了市场失灵现象,而市场失灵造成了交易困难。之后,威廉姆森(Williamson,1985)在《资本主义经济制度》(*The Economic Institutions of Capitalism*)一书中从契约的角度深化了交易费用的概念。威廉姆森认为,不论是企业还是市场,抑或是介于二者之间的其他形式,都是一种治理结构,一种契约关系的完整性在其中被决定。节约交易费用是不同形式治理结构的共同功能,因而它们是可以相互替代的。

威廉姆森对交易成本的决定性因素进行分析,提出了不确定性、机会主义、资产专用性三个基本概念(Williamson,2002),他认为这三个概念可以解释交易成本的起源。人的有限理性和机会主义行为的存在,导致了交易活动的复杂性及交易成本的增加,而资产专用性对于交易成本起到了决定性作用。

交易成本理论为我们研究商业模式及其创新提供了一个理论视角。商业模式是获取实物或者服务的一种方式,它自始至终没有脱离"商品交换"的本质,交易成本仍然是商品交易完成的主导因素。在不同的商业模式下,交易流程不同,交易成本的结构不同,最终所产生的交易成本也不尽相同。交易成本理论是商业模式的出发点,同时也是商业模式的理论归依。

在当代实际应用中,企业可以基于交易费用进行商业模式的选择和优化,这种优化可以通过精简交易环节,降低交易成本来更好地服务客户。同时,在零边际交易成本趋势的推动下,未来商业模式也将发生颠覆性改变,由大量"小而美"经济体负责技术成本,由平台负责社会关系成本的平台化运作模式将会成为未来商业模式的主流(刘蕾、鄢章华,2017)。

总之,如何节约交易费用,提高交易效率,如何为创造新价值而进行交易结构的创新,始终是商业模式理论研究的核心问题,这就使得商业模式理论与交易成本理论产生密不可分的联系。

2.1.2　利益相关者理论

利益相关者理论认为,任何一个公司的发展都离不开各种利益相关者的投入或参与,这其中不仅有股东,还包括消费者、供应商、债权人、雇员等。企业不仅要为股东利益服务,同时也要保护和满足其他利益相关者的利益。

纵观利益相关者理论产生与发展的过程可以看出,该理论与企业社会责任理论具有密切的伴生关系。对除股东之外的其他利益相关者承担责任需要一个从被动到主动的过程,其中被动承担的问题是受公司社会责任理论影响的后果,而主动结合的过程则来自于企业对自身长远利益和根本利益的综合考虑。公司作为社会的组成部分,承担恰当的社会责任是不可推卸的必然结果。从单纯地追求股东利益最大化到兼顾相关者利益,再到提倡利益相关者参与公司治理这一系列观念的转变都反映了经营理论和管理实践的进步。

彭罗斯(Penrose,1959)在他的《企业成长论》(*The Theory of Growth of the Firm*)一书中提出了"企业是人力资产和人际关系的集合"的观念,从而为利益相关者理论的构建奠定了基石。"利益相关者"作为一个明确的概念首次出现是在1963年斯坦福大学研究所(Stanford Research Institute,SRI)的内部文稿中。SRI对利益相关者的定义是:"没有其支持,组织就不可能生存的一些团体。"该定义让人们认识到,除了股东以外,企业周围还存在其他的一些影响其生存的群体。随后,瑞安曼(Rhenman,1968)提出了比较全面的定义:"利益相关者依靠企业来实现其个人目标,而企业也依靠他们来维持生存。"这一定义使得利益相关者理论成为一个独立的理论分支。在此后的许多观点中以弗里曼(Freeman)的最具代表性。他在《战略管理:一种利益相关者的方法》(*Strategic Management:A Stakeholder Approach*)(Freeman,1984)一书中提出,利益相关者是那些能够影响一个组织目标的实现或者能够被组织实现目标过程影响的人。这一定义将社区、政府、环境保护主义者等实体纳入利益相关者理论的研究范畴,大大扩展了利益相关者的内涵。

克拉克森(Clarkson,1995)认为:企业的目标是为所有利益相关者创造财富和价值。企业是由利益相关者组成的系统,它与为企业活动提供法律和市场基础的社会大系统一起运作。根据相关群体在企业经营活动中承担风险方式的差异,可将利益相关者区分为主动的利益相关者(positive stakeholders)和被动的利益相关者(passive stakeholders)。前者是"那些向企业投入了专用性人力资本或非人力资本从而承担了企业某种形式风险的人或群体";后者是"由于企业的行为而使之处于风险之中的人或群体"。克拉克森的定义引入了专用性资本的概念,使利益相关者的定义更加具体。在这里,投入的专用性资产以及所承担的风险量取代了传统的单一资本,成为构成企业的基本要素,也成为利益相关者团体参与企业控制的依据。可以说谁投入的专用性资产越多,他拥有的企业所有权就应该越大,这为利益相关者参与企业所有权分配提供了可参考的衡量方法。

商业模式包含企业运营模式,企业任一运营模式都需要利益相关者执行,利益相关者既是商业模式要素的组成部分,又是商业模式运行的载体,即利益相关者是商业模式的缔造者和执行者。同时,利益相关者理论强调了利益相关者利益共享的原则,为建立利益相关者合作机制提供了有利的条件,这样就使得建立责任共担、利益分享的复杂型商业模式成为可能。因此,该理论为建立商业模式理论提供了重要的理论支撑。

魏炜和朱武祥(2012)在《发现商业模式》一书中直接将商业模式的本质称为"利益相关者的交易结构"。创造商业模式的思维要从"利益相关者"这个概念开始。互联网时代使谈论"商业模式"成为时尚,它造就了这个剧变的时代,使不同地域的企业低成本地联系起来,各展所长,使得参与交易的"利益相关者"越来越多,并且都有机会获得满意的利益。一旦用"商业模式"的思维来看待生意,"利益相关者"就会发现自己越来越难以归纳在某一个"行业"当中,甚至摆脱了公司、企业这些形式的束缚。所以,当前企业最需要的就是构建一个具有优势的"利益相关者的交易结构"。因此,在互联网和新兴技术兴起的时代背景下,利益相关者理论对研究商业模式及其创新意义重大。

2.1.3　价值链理论

价值链理论是哈佛大学商学院教授波特(Porter,1985)在《竞争优势》(*Competitive Advantage*)一书中首次提出的。波特认为,每一个企业都是在设计、生产、销售、发送和辅助其产品的过程中进行种种活动的集合体,且所有这些活动都可以用一个价值链来表明。企业的价值创造是通过一系列活动构成的,这些活动可分为基本活动和辅助活动两类。基本活动包括内部后勤、生产作业、外部后勤、市场和销售、服务等;而辅助活动则包括采购、技术开发、人力资源管理和企业基础设施等。这些互不相同但又相互关联的生产经营活动,构成了一个创造价值的动态过程,即价值链。价值链分析方法主要回答以下两个问题:一是企业应该从事哪些活动;二是企业应该如何选择、组织这些活动以更好地增加产品附加值,并在行业竞争中获胜。该方法包括4个步骤:一是定义战略业务单元;二是识别关键活动;三是定义产品;四是确定一项活动的价值。

Amit 和 Zott(2001)把价值链理论作为商业模式研究的理论基础,依据价值链的概念和扩展的价值体系,把商业模式看作一个整体,这个整体又是通过对多种资源进行整合来实现企业的价值创造的。价值创造体现在每个环节中,每个环节所创造的价值和发生的成本不同。价值链不是孤立存在的,任何企业内部、各业务单元之间的联系构成了公司的价值链,各业务单元之间也存在着运作价值链。在同一产业中,上下游企业之间存在着行业价值链。因此,企业生产经营活动中所涉及的有关价值创造的每个环节都可能成为商业模式创新的节点,企业可以通过价值链延伸、分拆和拓展等重构方式来创新价值体系。同时,利益相关者理论是作为价值链理论的补充依附于价值链理论的,因为利益相关者存在于价值创造活动的始终,也参与到商业模式的创新活动中来,是商业模式创新活动的主体,因而商业模式的创新应该在价值链理论的基础上,结合利益相关者理论,在创新价值的过程中,各方利益都得到满足的情况下寻找。价值链理论展现商业模式创新活动的动态性和可行性,而利益相关者理论又使这种创新活动得到补充,使这种创新活动更全面和丰富。

2.1.4　资源基础理论

资源基础理论又被称为战略管理理论中的资源学派,它关注企业资源、持久竞争优势和企业绩效之间的关系,为企业架起了结构和能力观之间的桥梁。该理论认为,企业管理的目标是可持续竞争优势的获取,进而持续获取经济租金,而企业之间竞争优势的差异则是由企业内部资源的特殊性所决定的。一般认为企业的内部资源包括物质资本、人力资本和组织资本三大类,其中对企业持久竞争优势、进而对竞争力起到促进作用的部分被定义为战略性资源,它们具有价值、稀缺、不完全模仿、不完全替代(VRIN)四大特性,为企业持续竞争优势的获取提供了源泉。

Penrose(1959)在其《企业成长论》(*The Theory of Growth of the Firm*)中通过聚焦于单个企业的成长过程,提出企业是一个具有不同用途、随着时间推移而变化、由管理决策决定生产的生产性资源的集合体,企业的成

长就是逐步积累知识以拓展其生产领域的过程。学术界一般认为这是资源
基础理论的正式源头。

　　Lippman 和 Rumelt（1982）认为，如果企业无法仿制或复制出优势企业
产生的特殊源泉，各企业之间的效率差异状态将会持续下去。他们将企业的
竞争优势指向企业独特的、难以被模仿的资源，开创了战略管理对企业固有
的、可以产生"李嘉图租金"的资源进行精确经济分析的先河。

　　1984 年，在 Penrose、Lippman 和 Rumelt 等人研究的基础上，Wernerfelt
（1984）在《战略管理杂志》（*Strategic Management Journal*）上发表了《企业
资源基础论》（*A Resource-Based Theory of the Firm*）一文，这篇文章是企业
资源基础论（resource-based view）的奠基之作，标志着资源基础理论的正式
诞生。文中他第一次应用资源的概念论述了企业的优势和劣势，并认为企业
能否获得竞争优势的关键在于企业内部所拥有的资源是否具有资源位势的
优势。他认为，资源位势差异导致企业竞争力的不同。成功的绩效依靠具有
产生租金潜在价值的资源，因此必须进行有效的资源配置、独立的开发和有力
的保护。但真正让资源基础理论在企业管理者中流行起来的，则是 Prahalad 和
Hamel（1990）发表于《哈佛商业评论》（*Harvard Business Review*）的代表作《公
司的核心竞争力》（*The Core Competence of the Corporation*）。自 20 世纪 80 年
代中期以来，Grant（1991）、Barney（1991）、Peteraf（1993）等学者都为企业资源
基础论的发展做出了突出贡献。

　　商业模式与企业资源息息相关，它可以被定义为企业价值创造、价值传
递和价值获取的方法（Amit & Zott，2001），而价值创造、传递和获取通过人、
物质资源和资本资源的活动来实现。因此，企业实行商业模式创新的挑战不
仅是要有独特的商业创意，也包括对现有资源的重构和利用，以及建立一套
独特的管理能力（Berghman, et al.，2006，Demil & Lecocq，2010），从而形
成新的价值和新的价值创造形式（Schneider & Spieth，2013）。企业的资源
和能力等要素是具有操作性的，它们确保对现有商业模式的重新配置得到有
效和高效的执行（Jantunen,et al.，2012）。

2.1.5　熊彼特创新理论

　　商业模式创新的概念可以追溯到奥地利裔美国著名经济学家约瑟夫·
熊彼特（Joseph Alois Schumpeter）。熊彼特（Schumpeter,1934）指出，价格和

产出的竞争并不重要,重要的是来自新商业、新技术、新供应源和新的公司商业模式的竞争。他认为所谓创新就是要"建立一种新的生产函数",即"生产要素的重新组合",把一种从来没有的关于生产要素和生产条件的"新组合"引进生产体系中去,以实现对生产要素和生产条件的"新组合"。这种"新组合"的目的是获得潜在的利润,即最大限度地获取超额利润。熊彼特进一步识别出五种创新组合:采用一种新的产品;采用一种新的生产方法;创造一个新的市场;掠取或控制原材料或半制成品的一种新的供应来源;创新产业活动的组织形式,比如造成一种垄断地位(例如通过"托拉斯化"),或打破一种垄断地位。

熊彼特(1942)指出,企业的经营行为就是不断实施创造性破坏——在打破旧有市场格局中建立新的市场格局,而且决不把新的市场格局作为目标,而是立即把已形成的新格局当作旧格局来打破,从而开始下一轮的"创造性破坏"。随着新经济的出现,似乎市场与厂商都需要以新的商业模式来更新和取代旧的商业模式,这一过程被熊彼特称为"创造性破坏"。创造性破坏是新经济的核心,因为这种思想潮流的基础是,生产力的改善是经常性的,而不是暂时性的,因此企业面临的革新压力也是经常性的。

熊彼特的创造性破坏观点说明,作为新经济基础的呈非连续性、突发性增长的知识决定了新经济条件下公司商业模式的下一步只能是未知数,也决定了唯一符合时宜的行动方式是大胆尝试。而这种非理性状态,即无论是表现为非理性的繁荣还是非理性的衰退,就是时代成功的商业领袖唯一始终恪守的原则。

在熊彼特看来,企业家是实现创新、引进新组合、推动技术和经济进步的执行者。在不确定和复杂的环境中,企业家凭借创业精神主动采取有风险的创新行为所获得的额外收益被称为熊彼特租金。在竞争对手模仿和复制之前,企业实质上拥有的是一种垄断资源,因此产生经济租金,其持久性要视创新被模仿的速度而定。

而就商业模式创新的目的和意义而言,几乎所有研究者的结论都是一致的,那就是创造新价值,增强企业的核心能力,提升竞争优势。所以,曾涛在他题为《企业商业模式研究》的博士论文中利用"熊彼特租金"对商业模式给出了经济学解释。由于推动企业商业模式创新的内因是企业的知识能力或能力要素,它们来自于企业家和员工所具有的隐性知识、私人信息以及能力,这些知识能力或能力资源表现为企业隐性知识的转移能力、知识的整合能力、知识的配置能力、技术能力、产品生产和产品整合能力、市场的开拓能力和产品技术标准、专有技术等的开发和运用能力。因此,商业模式的创新实质上是一种基于信息不对称下的企业家的机会主义行为,它可以使每一个市场参与者都能够有机会来打破现有优势企业的竞争优势,获取和创造出一种新的经济租金。企业组织的环境越是处于变化中,市场信息就越不对称,也就越有可能产生"熊彼特租金"。能够获得"熊彼特租金"的组织动态创新能力不仅是任何企业都有条件通过努力获得的,而且是唯一有希望可以长期保持的能力,这正是商业模式创新的独特意义,也是熊彼特创新理论及由创新带来的租金对于商业模式研究的意义。

2.2 商业模式创新的理论研究

商业模式创新是商业模式研究的根本目的。商业模式创新不同于产品创新、技术创新和价值创新,它有着独特的内涵,遵循特定的原则,因此商业模式创新的路径是研究的关键所在。同时,由于商业模式与价值链存在着紧密的联系,商业模式创新对构建企业的竞争优势也有着重要的意义。

2.2.1 商业模式创新路径研究

对商业模式创新路径的研究大致可归纳为基于组成要素、基于价值链理论、基于企业创新程度和基于创新过程的 4 个角度(如表 2-1 所示)。

表 2-1 不同角度下商业模式创新路径的研究成果

角度	代表研究	内容
商业模式的组成要素/分类体系	Osterwalder, et al. (2010)	企业可以通过改变价值主张、目标客户、分销渠道、顾客关系、核心能力、价值结构、伙伴承诺、收入流和成本结构 9 个因素来激发商业模式创新

续表

角度	代表研究	内容
商业模式的组成要素/分类体系	Johnson,et al. (2008)	顾客价值命题(CVP)、盈利模型、关键资源、关键过程4个要素的改变会引起商业模式创新
	Huarng (2013)	商业模式创新分为概念模型和财务模型两方面,概念模型主要包括创新内容、市场定位、价值来源、资源整合4个要素,财务模型主要包括成本、收入和利润3个要素
	吴晓波、赵子溢 (2017)	商业模式创新的前因由内部和外部两方面因素构成,因素的相互作用使得新的商业模式得以建立
价值链理论	Timmers (1998)	商业模式构建的系统化方法包括价值链分解和价值链重构
	李鸿磊、黄速建 (2017)	以信息物理交互为视角,智能化将从"价值链层""产业层""生态层"3个层面引发以产业为主的商业模式创新
企业创新程度	Osterwalder (2004)	商业模式创新分为存量型创新、增量型创新和全新型创新3类
	Velu & Stiles (2013)	商业模式创新按照创新的进程可以分为渐进式和突破式两种
	Ibarra,et al. (2018)	企业具有内部和外部流程优化、客户界面改善、新的生态系统和价值网络、智能产品和服务4种创新程度的商业模式创新方式
创新过程	Demil & Lecocq (2010)	从外部视角指出商业模式创新是对环境变化不断适应的过程
	Sosna,et al. (2010)	商业模式创新是一个不断试错学习的过程,经验学习在商业模式创新的探索和开发过程中都扮演了重要的角色
	Gassmann,et al. (2014)	商业模式创新要经历启动(分析商业系统)、构思(产生新创意)、整合(建立新模式)和实施4个阶段

1.基于组成要素/分类体系的商业模式创新路径

商业模式偏重于关系逻辑的内容,因此需要从要素的角度或相关联的视角分析商业模式创新。通过对商业模式构成要素的创新、重构,能够实现企业商业模式的变革。

Osterwalder 等 (2010)将商业模式分为9个组成要素,阐述了价值创造、价值主张和价值获得的逻辑,企业可以通过改变价值主张、目标客户、分销渠道、顾客关系、核心能力、价值结构、伙伴承诺、收入流和成本结构因素来激发商业模式创新。

Johnson 等(2008)认为,商业模式由顾客价值命题(CVP)、盈利模型、关键资源、关键过程 4 个要素组成,这 4 个要素涵盖了企业经营的方方面面,企业的商业模式创新可以从这 4 个要素切入。

Huarng (2013)指出,商业模式创新应分为概念模型和财务模型两方面,概念模型主要包括创新内容、市场定位、价值来源、资源整合 4 个要素,财务模型主要包括成本、收入和利润 3 个要素。

吴晓波和赵子溢(2017)从功能角度分析制约和驱动企业进行商业模式创新的因素,提出商业模式创新的前因由内部和外部两方面因素构成,因素的相互作用使得新的商业模式得以建立。

基于组成要素/分类体系的创新路径是先提炼商业模式的构成元素或总结现有商业模式的合理分类,然后基于企业内部不同要素之间的重组和相互作用带来机会选择,为企业价值创造、资源整合、内部系统变更等方面提供新的思路,具有较强的操作性,对企业实践更具指导意义。

2.基于价值链理论的商业模式创新路径

商业模式创新的过程需要对价值链和价值链组成要素进行适度调整,并且涉及价值链上合作伙伴的选取和对客户需求的把握,从而开展明确和有针对性的价值创造活动。

Timmers (1998)所提出的分类体系基于交互模式和价值链整合。商业模式构建的系统化方法包括价值链分解和价值链重构。典型的商业模式构建和实施一般需要识别价值链要素(如采购物流、生产、销售物流、营销、研发、采购、人力资源管理等)、交互模式以及技术的最新发展。利用此方法可以构建许多不同的商业模式,不过其中只有一些在现实中是可行的。此分类体系提供了商业模式创新的一般思路。

李鸿磊和黄速建(2017)以信息物理交互为视角,提出从横向集成方面来看,存在形成基于价值链信息集成的商业模式创新、基于产业信息集成与共享的商业模式创新、基于价值生态平台的商业模式创新三大创新路径。相应地,在价值链层面,产业链上的主导企业在基本完成企业内部纵向信息集成的基础上,与后端供应商环节和前端渠道与服务环节进行信息对接和共享,形成产业大数据平台；在产业层面，在产业价值链横向信息集成的基础上，产业大数据平台逐步形成标准化数据接口，与其他产业大数据平台对接，实现产业间信息的共享；在生态层面，产业链的主导企业在拥有强大数据能力的基础上，通过建立并开放数字基础设施，形成数字化创新平台，使研发设计、生产制造、数据服务等创新型企业群能够以平台为基础形成各自的商业模式，从而形成商业价值"生态圈"，实现价值创造。

3. 基于企业创新程度的商业模式创新路径

学者们发现不同类型的企业进行商业模式创新的路径各不相同。基于此，学者们以创新程度为特征，将企业分为不同类型。对于不同类型的企业，采用不同的创新路径。Osterwalder（2004）阐明了企业特征与商业模式创新程度之间的关系。对于不同企业，他将商业模式创新分为存量型创新、增量型创新和全新型创新3类。对于能够增强企业固有资源、渠道的企业，可以采用存量型创新增强过去提供的产品或服务；对于较落后的企业，需要采用增量型创新，在现行商业模式中增加新的要素增强竞争优势；对于掌握新技术、能够把握新机会的企业，可以探索新市场，并采用全新型创新。Velu 和 Stiles（2013）则按照创新的进程，把商业模式创新按照渐进式和突破式来进行分类。渐进式是对价值创造、获取和传递的过程进行微调；突破式是指对3个以上的元素进行重大改变。Ibarra 等（2018）从工业4.0如何影响商业模式为切入点，通过文献综述，以价值创造、价值传递和价值获取3个方面的变化表现企业内部和外部流程优化、客户界面改善、新的生态系统和价值网络、智能产品和服务4种创新程度的商业模式创新方式。

4. 基于创新过程的商业模式创新路径

以创新过程为中心的创新路径主要分为两类。一是创新过程所需的各类保障和驱动机制，主要从学习、能力、资源、环境等方面进行考察。如 Demil 和 Lecocq（2010）从外部视角指出商业模式创新是对环境变化不断适应的过程。Sosna 等（2010）则结合组织学习理论指出，商业模式创新是一个不断试错学习的过程，经验学习在商业模式创新的探索和开发过程中都扮演了重要的角色。二是将创新过程分为几个阶段，具有动态性的特征。Gassmann 等（2014）通过对14个商业模式创新的案例分析指出，商业模式创新要经历启动（分析商业系统）、构思（产生新创意）、整合（建立新模式）和实施4个阶段。

2.2.2　商业模式创新对竞争优势的意义

商业模式解决的是企业战略制定前的战略问题(魏炜、朱武祥,2012)。战略大师迈克尔·波特对战略的研究主要从两个相关的角度予以展开:竞争战略、竞争优势(包括产业竞争优势和国家竞争优势),而对竞争战略的研究最终也体现在低成本和差异化竞争优势上。根据前文的论述,商业模式与价值链之间存在着紧密的联系,而价值链又是分析和构建企业竞争优势的重要工具,因此,商业模式创新对企业竞争优势的构建也有着重要的意义。

1.商业模式创新是一种更为重要的核心竞争力

企业能力理论把企业抽象为一种能力体系,在这个体系中,有一个占主导地位的核心能力,核心能力决定了企业的竞争优势。企业的发展在于培养和塑造能够产生竞争优势的核心能力,核心能力在市场上的表现就是核心竞争力。企业核心竞争力的观点由 Prahalad 和 Hamel (1990)在《公司的核心竞争力》(The Core Competence of the Corporation)一文中提出:"企业核心竞争力是指企业内部一系列互补的知识与技能的组合,具有使一项或多项业务达到竞争领域一流水平的能力。"但仅从资源和能力所构建的核心竞争力角度来解释企业的持续竞争优势是不够的,因为,一方面,虽然核心竞争力是持续竞争优势的源泉,但它本身并不会自动转化成竞争优势,而是要通过一定的组织结构和关系模式来实现转化;另一方面,企业持续竞争优势的获取不仅依靠既有的核心竞争力,更为重要的还要依靠通过某种创新获取的动态竞争能力。商业模式创新包括了组织内部结构和外部要素的关系结构的动态持续创新,因此,这是一种更为重要的核心竞争力。

2.通过商业模式创新能够实现开创蓝海市场的价值创新

Osterwalde 等 (2010)借助商业模式画布分析了商业模式视角下的蓝海战略,认为商业模式创新是一种价值导向下的创新。价值创新对"价值"和"创新"同样重视。只重价值,不重创新,就容易使企业限于小步递进的"价值创造"上(相当于静态的商业模式)。反之,则易使创新过度依赖技术突破的驱动,创新的产出与市场的需求相分离,超出了顾客的心理接受能力和购买力,难以形成有效的需求。只有当企业把创新与效用、价值和成本整合一体时,才能实现价值创新。在商业模式创新过程中,通过价值内容创新和顾客界面创新就可避免累进的"价值创造"或市场先行的"技术创新",实现价值创新。

蓝海战略的优势在于重建市场边界，因此，它带给企业的竞争优势要远大于传统既定市场空间下的市场份额增加优势。

3.商业模式创新能够减轻企业的固定成本与生产能力利用率压力

波特（1985）认为，企业的价值活动是与一定的固定成本相联系的，每一项活动的成本相应地也会受到生产能力利用率的约束。固定成本的存在给企业提高其生产能力利用率带来了一定的压力。压力的大小取决于固定成本与变动成本的比率，波特称之为价值活动对利用率的敏感性。价值活动的内容和不同的构成方式都会对生产能力利用率的敏感性带来影响。商业模式创新如果能充分利用外包、合作、虚拟经营等形式，就能够降低企业自身生产能力利用率的压力，支持企业将资源和能力更多地投向价值链环节的高产出环节和优势环节。但企业生产能力利用率压力的降低并不意味着会妨碍产业和社会生产效率的提升，恰恰相反，企业可通过外部价值链的传导形成整个价值链条上的生产能力利用率的敏感性，带动整个商业系统竞争力的提升。

4.商业模式创新能够将外部隐性知识内部化

曾涛（2010）在研究知识经济时代的企业竞争时指出，知识在企业间的竞争中扮演着愈加重要的角色。按其存在和表现形式，可将知识资源分为显性知识和隐性知识两类。显性知识是依托主体、制度、流程等形式记录的可转移的知识；隐性知识是存在于员工头脑中或组织氛围下的知识形式，只能依托其主体而存在，无法复制和转移。隐性知识构成了企业竞争的真正优势资源。企业通过界面模式的创新，将存在于企业外部的隐性知识内部化到企业内部，成为企业的可控资源，改变了企业拥有的知识配置和知识结构，形成新的知识集成体系，这些知识和能力的组合就构成了企业价值创造的基础。这样，企业将供应商、客户等组织和个人之间的知识系统进行锁定，并把竞争对手挡在门外，以此获得更大的竞争优势。

5.通过有效的界面模式可以极大地消除不确定性带来的结构破坏

企业在公开市场上与其他主体进行交易，不但存在着科斯所说的交易成本，还存在着不确定性带来的风险和对交易结构的破坏。通过有效的界面模式设计，就可以将交易行为内部化到界面通道中，由双方约定的界面机制来控制、调整和监控整个系统的交易行为,当这些交易行为出现问题和障碍时,内部化形成的特定机制可以起到调节作用,以维持或者优化相互之间的价值交换活动。因此,经由界面模式的内部化可以极大地消除不确定性带来的结构性破坏。

2.3 跨界服务的理论研究

2.3.1 跨界服务的特点

吴朝晖和邓水光(2012)指出跨界服务具有明显的 3C 特点,即跨域、融合和复杂。

跨域是跨界服务的本质属性和特征,跨界服务正是跨越了不同企业的经营领域、不同行业甚至不同产业域而提供的服务。跨界服务形成的非物质化产品或者衍生的一系列经营性活动都是跨域的。

现代企业提供跨界服务以实现跨界融合为前提。跨界融合发生在不同产业或同一产业不同行业之间,通过相互渗透、相互交叉,最终融合为一体,逐步形成一个新的交叉产业。融合是一个动态发展的过程,这个过程涉及技术融合、产品融合、服务融合、企业融合和市场融合等。跨界服务形成的非物质化产品或者衍生的经营性活动都是融合的结果。

相比传统的"界内服务",跨界服务在服务的创新、开发和服务运营等过程方面显得尤为复杂。对于拟提供跨界服务的企业而言,不仅要跨越不同企业、行业甚至产业的界限,在自身并不擅长或者不熟悉的行业和领域内进行各类资源的梳理、整合和融合,更要结合自身的优势资源、市场和技术,进行服务创新、商业模式设计等一系列创新性活动,其复杂程度和难度可想而知。而先入企业在市场、技术和服务等方面的既有优势给后入企业提供跨界服务的运营带来更多的风险和挑战。

2.3.2 跨界服务的模式

吴东(2016)指出,从工业化时代到互联网时代,跨界服务形态的发展导致了主流企业和跨界企业的关系、企业与用户的关系、用户与用户的关系等各种关系的变化。根据对行业(目标行业内/外)及用户(主流/长尾用户)两个维度划分的 4 个界别,跨界服务的服务模式相应地呈现出以下 4 种类型(见图 2-1)。

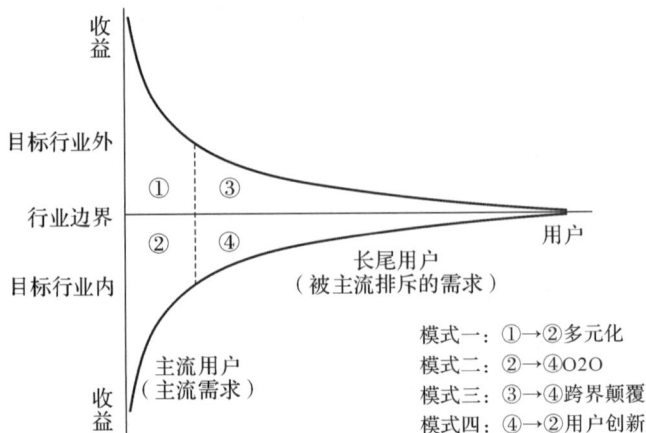

图 2-1 跨界服务的 4 种服务模式

模式一:多元化。在工业化时代,依据"二八定律",各行各业的竞争点主要集中在满足本行业内最具优质价值的主流市场需求上。当该行业内的企业无法有效服务主流市场的需求时,就给了其他行业的企业可乘之机。行业外的企业得以通过多元化打破行业壁垒,跨界进入并服务目标行业内的主流市场,从而赢得竞争优势。典型案例如美国通用公司、日本三菱商事等。

模式二:O2O。由于激烈的市场竞争,主流市场几乎饱和,但长尾理论表明,目标行业内那些数量庞大但非主流的市场(长尾用户市场)蕴藏着巨大的机会。由于交易成本巨大,这些所谓的"低收益"市场往往被行业内的主流企业忽视甚至排斥。在电子商务时代,O2O 带来一种需求侧革命,非主流市场的需求终于得以开发。当行业内的主流市场饱和时,主流企业可以基于互联网思维建立强大的线上交易平台,依托全球本地化、分众/聚众、产品平台化和虚实联动 4 种基本机制打破传统交易壁垒,降低交易成本,充分发掘行业内被排斥的非主流需求,进一步赢得竞争优势(吴东,2015)。典型案例如美国梅西百货、沃尔玛等开设网上商城。

模式三:跨界颠覆。到了跨界颠覆时代,如果目标行业内的主流企业不重视那些被主流市场排斥的需求,而来自行业外的具有互联网思维的跨界者注意到了这样的机会,跨界者可以聚集行业内的大量用户特别是被主流企业排斥的用户,用流量的力量反过来跟主流企业议价,这就变成跨界颠覆,以长尾颠覆原先的领导企业。典型的案例有余额宝跨界进入银行领域,微信跨界进入移动运营领域,滴滴跨界进入出租车领域。这就不难理解为什么主流企业会在占尽行业优势的情况下却遭到非线性打击,让来自其他行业、毫无优势可言的跨界者后发先至。

模式四:用户创新。移动商务使得过去有间隔、碎片式的互动,变成现在无时不在的互动,这进一步带来一种革命性的变化。人们在使用其他人的知识的过程中,又创造了许多新的知识。最典型的特征是让用户参与创新。用户不再是价值的被动接受者,而是主动参与到价值创造的过程中,他们可以参与设计、制造、营销、维护、评价等各个环节。典型的案例有小米、乐视等。这带来了一种供给侧的革命。

在模式四中,跨界者不是简单地炒作流量,而是强调用户,特别是原先被主流市场排斥的长尾用户能够深度参与产品和服务创新。这些用户在使用跨界者的产品和服务的过程中发现的问题、提出的建议和疑问,都能及时地转入跨界者的改进体系当中去,让用户像养育自己的孩子一样对待自己参与创造的产品和服务,在塑造出强大的用户黏性的同时通过快速迭代改进产品和服务。而反观主流企业却往往高高在上,依赖大量的专业技术和管理人才;用户只能成为产品和服务的被动接受者,一旦有更好的选择,用户特别是主流用户会毫不犹豫地抛弃主流企业。

2.3.3　跨界服务的现象级

信息技术的快速发展使组织边界和产业边界逐渐模糊,企业商业模式的开放度不断增大,企业充分利用组织外部资源,也允许内部资源被外部组织使用。跨界协同成为企业新常态,价值活动载体由价值链转向价值网络,更强调交互式的网络关系、互补性资源的整合和协同效应(江积海,2014)。在"互联网+"环境下,积极构建与利益相关者的价值网络已成为企业创新和发展的必然趋势。产品/服务系统的构造日益复杂、精细,产品通过物联网进行互联的广度和深度不断增加,涉及的知识领域不断扩张,需要更多的利益相关者加入到价值活动中,联盟企业、第三方服务提供商、投资机构、科研机构、行业协会、政府等都是价值网络的参与者,每一个参与者都需要处理跨行业的复杂业务。价值网络上各参与者通过共享特定的规章制度建立关系,彼此提供互补资源,持续互动中共同创造价值,在网络整体价值增值的基础上提升自己的价值获取量,达到各成员协同演化,形成商业生态系统。跨界商业生态系统价值网络更关注总体价值的创造,重视价值创造和传递的动态性,以及价值活动中各参与者的非线性互动(Zott & Amit, 2013)。在跨界商业生态系统的趋势下,跨界服务的商业模式形成了以 O2O 模式、平台式商业模式为主流,其他各种服务模式涌现的发展现状。

1. O2O 模式

O2O 即 Online(线上)到 Offline(线下),简要地来说就是"通过线上招揽客户,引导客户到线下去消费"。对于 O2O 模式来说,其核心思想是在线上把需求方吸引到实体的企业、店铺中,并通过在线支付手段,实体店为客户提供优质的服务。第三方服务平台还实时地统计消费数据并把消费数据提供给服务机构,再把服务机构的产品/服务信息,精准地推送给需求方。这种模式对于服务型尤其是体验型的服务产品来说是最佳的模式(徐杰、王凯华,2003)。O2O 服务模式是依靠在线上推广交易的方式来带动线下的交易进行,以此加大服务机构的参与度和提升需求方的体验感。O2O 服务模式的特点是把电子商务中的信息流、资金流放在线上进行,而把其物流和客户流放在线下。

(1)O2O 模式的主要特点及其内容

1)本地化

在 O2O 模式中,线下商家整合是关键。O2O 平台企业要具备较强的线下商家资源整合能力,保障消费者体验。但是传统电商企业缺乏这方面的运营经验,这就给新创业者以市场机会,这是 O2O 模式之重。

2)无物流

传统电子商务从发展之初就面临着物流方面的问题,这个问题一直影响着电子商务的发展。亚马逊、京东商城等投入巨资建设仓储、自建物流队伍,并且这些投资成为其区别于其他同类电商的核心竞争力。而依赖社会物流的电商面临快递业发展跟不上电子商务发展的问题,不时会出现爆仓事件。O2O 模式虽是线上消费,但只需要消费者持电子凭证到店消费即可,不必面临巨额仓储、物流成本的压力。这是 O2O 模式之轻。

3）在线支付

在线支付是保证 O2O 模式顺利完成的核心。在线支付建立了一个闭环的消费链条，真实地完成了一笔交易，是消费数据唯一可靠的考核标准。对于提供线上服务的 O2O 平台而言，只有实现了能让用户在线完成支付的功能，才能实现对整个产业链条的控制，完成自身的利益诉求，并且实现对下游线下商业伙伴的服务的控制。

在线支付确保了消费者的交易安全，是用户对商家服务质量的约束。依靠支付宝、财付通等第三方交易平台的担保交易，以及随之所产生的对真实交易的信用评价，可保障用户的交易安全，同时也能用手中的信用评价权利来约束商家提供优质的服务。

总的来说，O2O 的商业模式更注重互联网的发展，移动互联网的相关技术和设备条件都直接影响此商业模式的发展进程。作为一种跨界服务模式，O2O 模式强调开放的平台，连接分散的人力和物资，为双方用户（需求者和供应者）提供最有效的资源对接，强调使用而不是拥有，所以商家平台不能成为一个固定的封闭式平台，要有包容性和可扩展性，再加上各种移动互联网技术的支持，得到商业模式的最高效率。

综上所述，平台的开放性、移动互联网技术的支撑、支付系统的完善、充分可扩展性与创新性，对于 O2O 商业模式的构建有非常重要的意义。通过构建和完善线上线下商业模式价值网络，能够合理融合各主体的资源与力量，推动各方经济社会的协同发展。O2O 商业模式价值网络见图 2-2。

（2）O2O 服务模式发展现状

O2O 业态被普遍认为是下一个万亿元规模的市场，其广阔的前景为各方所看好，并受到风险投资的青睐，正保持着强劲的发展势头。起初，多数 O2O 模式是基于团购网站逐渐发展的，如大众点评。胡桂珍（2013）在研究 O2O 模式在餐饮行业的应用时总结出了基于团购网络的 O2O 服务模式、基于单个企业的 O2O 服务模式、基于电商平台的 O2O 服务模式三种 O2O 服务模式。

1）基于团购网站的 O2O

团购项目非常多元化，包括餐饮服务、旅游、美容健身、数码产品等诸多领域，其中餐饮服务类的团购基本占到总额的 5% 左右。不小的市场份额和高额回报使很多餐饮类电子商务网站积极关注团购模式，如大众点评网也推

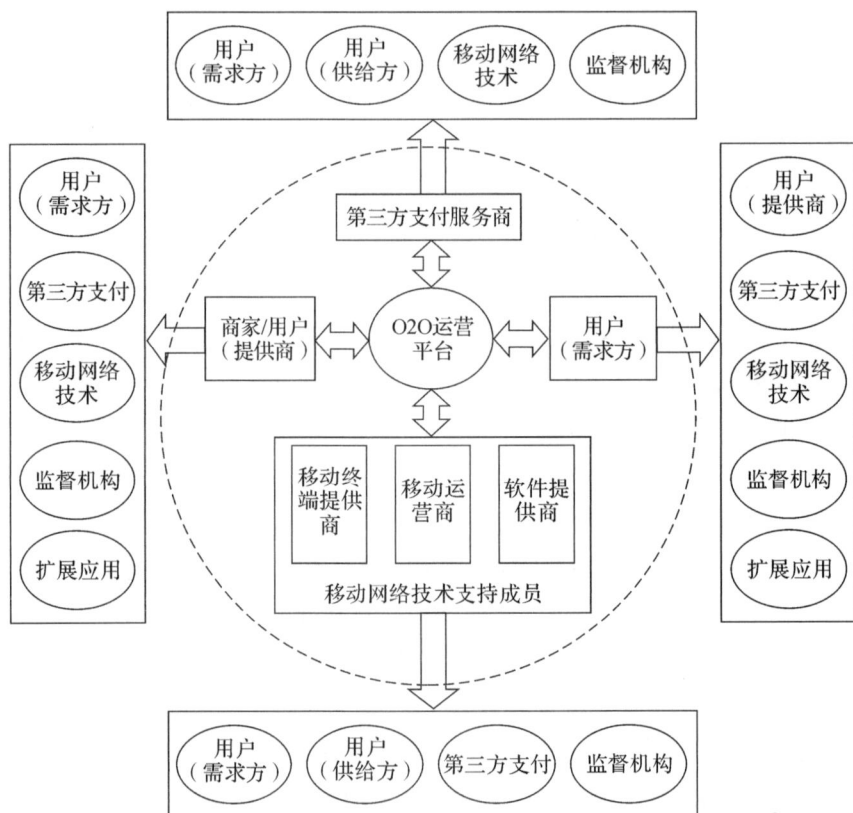

图 2-2 O2O 商业模式价值网络

出了团购业务。

2)基于单个企业的 O2O

麦当劳、肯德基、必胜客、海底捞这类国内外知名连锁餐饮企业,拥有数量众多的线下实体店,为其开展 O2O 提供了物质基础。为满足不断增长的外卖送餐需求,麦当劳麦乐送、肯德基宅急送、必胜客宅急送、海底捞等均开通了自己的网络订餐服务,并在相关媒体上大做广告,以提高网站的知名度。

3)基于电商平台的 O2O

由于大多数餐饮企业都没有能力开发和维护自己独立的网站系统,因此,一些专门为餐饮企业提供 O2O 方式交易的电子商务平台应运而生,如淘宝网上的聚划算。

4）线下体验店服务模式

随着 O2O 模式的发展和普及，企业在该模式中的竞争力和差异性更多地体现在线下体验店部分的服务模式。一般地，线下体验店服务模式包含参与者、目标、过程、载体/资源、质量/价值、领域知识六大要素（如图 2-3 所示）。企业管理者通过对各要素进行清晰的识别和分析，可以构建一个完善且有竞争力的线下体验店服务模式。

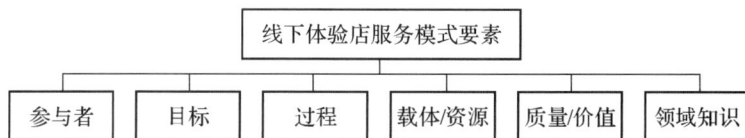

图 2-3　线下体验店服务模式要素

2. 平台式商业模式

平台商业模式连接两个或多个群体，以提供双方或多方的互动机制来满足所有群体的需求并从中获利（陈威如、余卓轩，2013），该商业模式既是因交易成本降低的需要而产生，也是交易成本降低的结果，其创造价值的逻辑是以"连接"再"聚合"的方式降低各个平台参与方的交易成本，促使网络效应发生作用（李文莲、夏健明，2013）。具体来看，平台商业模式网络效应的来源有两个：一是扩大用户规模。通过扩大一方用户群体规模，吸引同一方群体进入平台，创造同边网络效应；同时也吸引另一方用户群体进入平台，创造跨边网络效应。二是增加关系密度。根据平台经济学，平台聚集的主体越多，关系规模越大，关系密度越强，所创造的网络价值就越多，就越有利于形成网络效应。同时，较高水平的关系密度有利于降低交易成本，也有利于平台主体之间资源共享，并以此驱动价值创造（江积海、李琴，2016）。

李文莲、夏健明（2013）总结了客户平台、数据平台、技术平台等三种比较常见的平台式商业模式类型。

1）客户平台商业模式

客户平台商业模式主要是指通过互联网以某种方式把大量客户吸引到自己的平台上，通过提供双边或多边客户价值的相互转化与传递机制创造价值。这种商业模式运行的基础是客户的连接与聚合，其关键资源是平台所聚集的庞大的客户群，主要通过网络效应的发挥创造和传递价值，例如

Facebook、腾讯 QQ 等。

2）数据平台商业模式

数据平台商业模式是指通过提供多行业、多企业的合作机制，聚集海量的数据，通过数据挖掘、分享、运用，创造和传递价值。这种商业模式运行的基础是数据的连接与聚合，其关键资源是平台所聚集的庞大的数据资源，主要基于数据资源的互补和共享创造新价值。例如 IZP 公司通过与全球电信运营商及互联网网站合作，基于自主创新的大数据智能分类处理技术，在全球互联网上部署跨多个国家、多个地区、多个语言体系，覆盖面最广的超级互联网媒体平台，它最具战略性的资产是经过授权使用的客户数据，特别是真实可靠的社会关系数据。

3）技术平台商业模式

技术平台商业模式是指通过提供技术开发的基础条件，吸引技术相关各方的参与，以实现分散的、互补技术优势的高效利用。这种商业模式是基于技术的连接与聚合，通过技术的创新与应用创造价值。技术平台包括基于开源软件的开源社区平台、众包平台等。例如 Red Hat，其产品 Red Hat Linux 是全世界应用最广泛的 Linux。Red Hat 依靠开源社区创造和传递价值，对自助用户提供基于 Linux 开源的免费软件，对企业客户通过专业订阅提供持续升级服务和有保障的软件，实行软件免费、服务收费的模式。

在当前互联网、云计算、大数据等新技术群迅速发展的背景下，平台商业模式不断扩大所覆盖的企业范围，不仅备受电子商务、社交、门户网站等新兴虚拟领域的青睐，而且被电信业、软件业、零售业等传统实体领域广泛采用，致力于从线上线下提升价值创造效率，拓展价值创造虚实空间（李海舰等，2014）。平台式企业在商业生态系统中扮演着越来越重要的角色，平台式的商业模式也为打造新型的跨界服务商业模式提供了重要的思路。

跨界服务平台提供产品服务的形式不同于一般企业。该平台是一个多边市场，是各资源需求者与供给者之间的枢纽。服务平台的参与主体涉及不同行业，各个主体要素之间互相联系与影响，因此运用价值网络理论研究跨界服务平台的商业模式能够有效地揭示跨界服务中的价值发现、创造和传递的机制。借鉴郑祥龙、梅姝娥（2015）关于科技服务平台商业模式的研究，跨界服务平台的商业模式框架见图 2-4。

用户是整个价值网络中创造价值的源头，是价值创造的发起者，是跨界

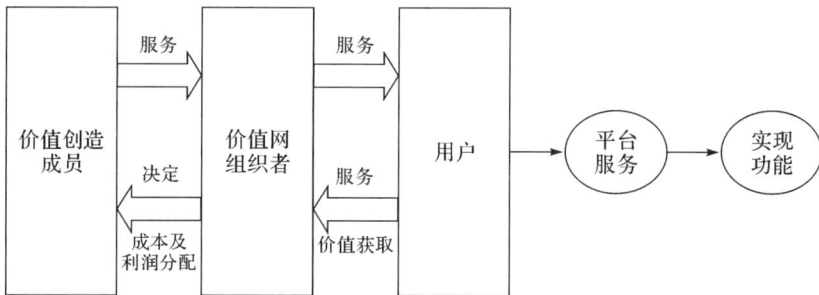

图 2-4 基于价值网络的跨界服务平台商业模式框架

服务平台盈利的主要载体。用户对服务内容、服务方式以及服务流程的需求变化直接影响了跨界服务平台价值网中的核心能力和平台主导者对相关资源的整合方式。因此,以用户为中心,时刻掌握用户需求是实现用户价值的必要手段。

　　跨界服务资源组织者是价值网架构的中心,是价值网的集成者,即科技服务平台的集成者、主导者。一方面,跨界服务资源组织者整合在跨界服务业务流程中所涉及的主要参与者,集成各种机构资源构建服务平台;另一方面,核心组织者充当价值网的中介商,以服务平台为载体,围绕客户的需求合理地组织科技跨界服务平台价值网中的资源,设计无缝衔接的服务流程,为客户提供高价值的服务,从而实现价值传递过程。用户获得服务后会向平台支付相应的服务报酬,完成价值获取。价值网中不仅需要拥有资源组织者,更需要一批节点企业去实现组织者的组织功能。因此,对于跨界服务平台的集成者来说,应当有效地集成节点企业的相关资源和优势来满足用户的需求。

　　3.其他跨界服务商业模式

　　O2O 商业模式和平台式商业模式是两种主流且典型的平台型跨界服务模式,此外,还涌现出一些跨界服务模式并逐渐发展为成熟的典型模式,本书将其归纳为项目型、模块型、关系型和领导型 4 种。

　　(1)项目型

　　项目型的跨界服务模式主要针对具有临时性和独特性特点的跨界行为,即企业通过与第三方企业的合作,借助已有的 APP 或平台实现跨界,并达到原有品牌推广,提高客户黏性的效果(见图 2-5)。该模式是不同企业和平台之间的直接联结,跨界难度较低,可以作为企业跨界的低风险尝试和探索。典型的案例有微信小程序、海尔-HOPE 开放式创新平台等。

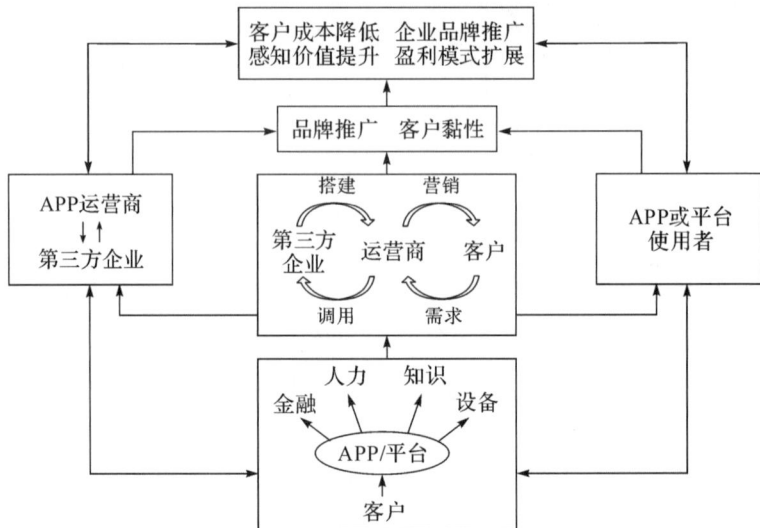

图 2-5 项目型跨界服务模式框架

(2)模块型

模块型的跨界服务模式是指顺应时代发展,将企业业务在新的社会背景下可能涉及的不同模块(如金融、服务、数据等)有机融合,从而创新服务方式并简化业务内部流程,提高业务供给效率,实现主导模块与辅助模块相辅相成,优化用户的体验感(见图 2-6)。当前,模块型跨界服务模式现象较普遍,比如海康威视高清平安城市解决方案,是制造业向 IT 行业的跨界;银泰城与支付宝合作,衍生出智能停车的新型服务方式。

(3)关系型

关系型的跨界服务模式是通过企业与特定供应商的协同合作实现跨界,主要为对同种产品或服务有个性化需求的用户提供产品或服务(见图 2-7),如百度地图与滴滴打车合作,是共享汽车与地图服务的结合;液化天然气区块链解决方案,是 IT 为能源行业赋能等。

(4)领导型

领导型的跨界服务模式是通过并购其他行业企业或成立与原有主营业

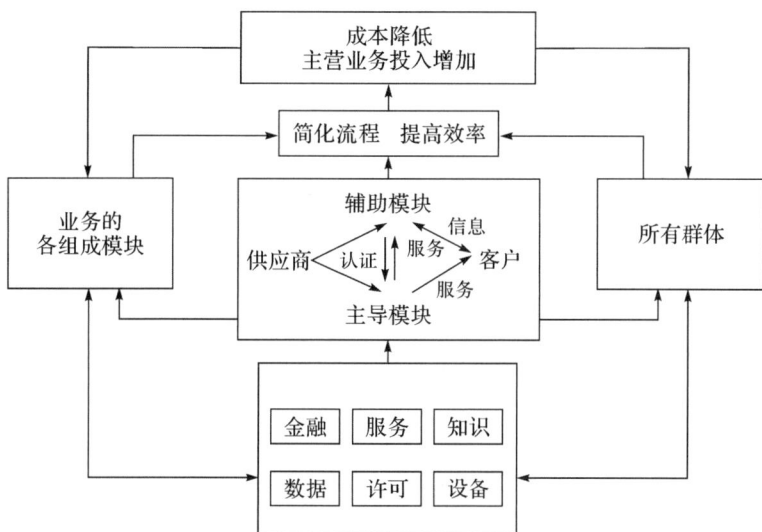

图 2-6 模块型跨界服务模式框架

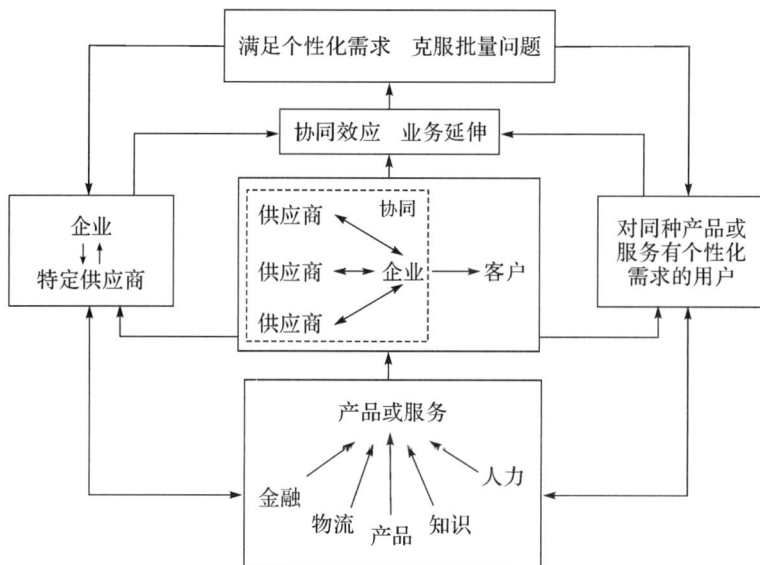

图 2-7 关系型跨界服务模式框架

务不同的子公司实现跨界,并达到业务拓展、资源重组的效果(见图 2-8)。领导型的跨界服务模式需要承担较多的新业务拓展和跨界的风险,但相比其他模式,也能够在实现盈利的情况下获益更多。领导型模式关系明确,风险与收益并存,因此也是许多企业跨界的选择之一,如阿里巴巴集团收购"饿了么"等。

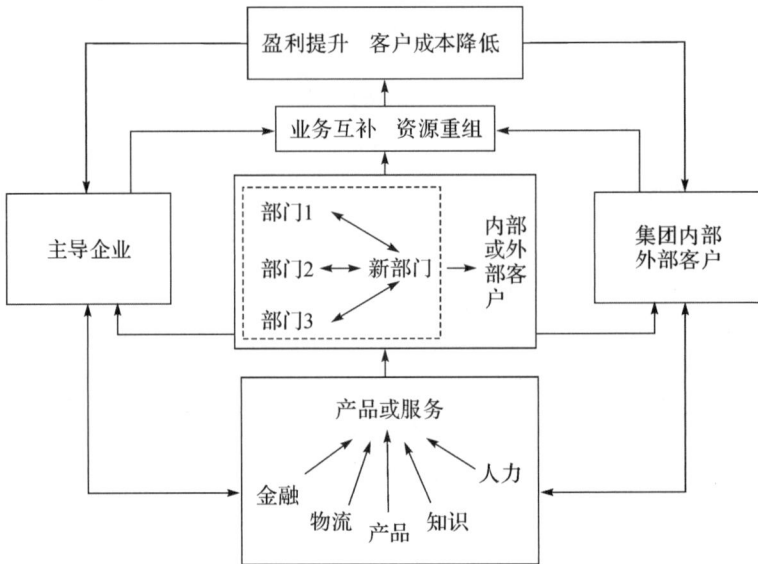

图 2-8　领导型跨界服务模式框架

在根据跨界服务商业模式的现象级对企业的跨界行为进行归类分析时,还需注意区分针对 B 端用户(Business,商家用户)的业务和针对 C 端用户(Customer,个人用户)的业务。2B 的业务有比较明显的质量和能力的门槛要求,在产品及服务的选择上更理性且很难被外界的因素影响和控制;而2C 的业务对价格往往比较敏感,对产品和技术信息的了解相对有限且对于产品价值的判断更容易受外界影响。根据 B 端或 C 端用户对象划分,以上4 种跨界服务模式框架加上平台型,可组成 10 种不同的跨界服务模式(见图 2-9)。在这 10 种跨界服务模式中,B 端或 C 端用户与服务商之间形成价值网络,价值创造、传递、分配过程在此网络中进行,也即跨界服务的提供与获取;而各主体间合作的明确程度和权力的不对称程度按照项目型、平台型、模块型、关系型和领导型的顺序依次递增,价值网络中的各方可以根据自身特性和需求选择合适的跨界服务模式,本书将在第 4 至 7 章中以案例形式具体解释。

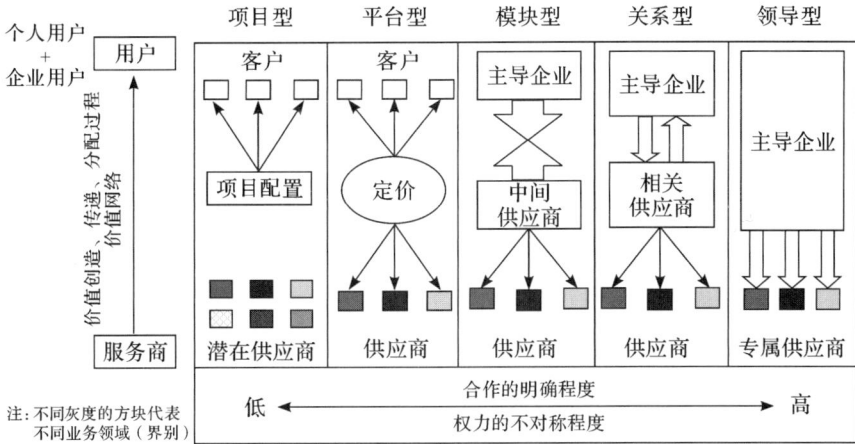

图 2-9　基本跨界服务模式

2.3.4　跨界服务商业模式的基本分析框架

跨界服务作为一种创新的商业模式,需要一个完整的分析框架对其已存在的现象级进行分析以指导跨界服务提供商形成商业模式的解决方案。一个基本的商业模式分析模型涵盖自下而上的活动层和逻辑层两个层次(见图2-10)。活动层的商业模式通过刻画企业的交易内容、交易结构和交易治理,进而反映商业模式的本质逻辑——价值主张、价值创造和价值获取。

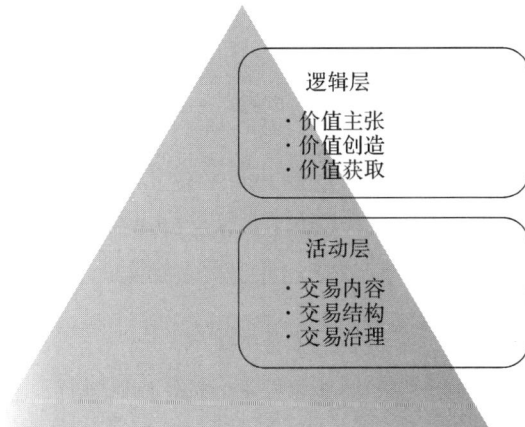

图 2-10　商业模式分析的基本模型

逻辑层以内涵或本质的角度阐述商业模式概念,它的主要意义是识别出具有普适性的商业模式构成要素及其之间的逻辑关系,宏观指导商业模式分析和设计。活动层则是一种落地,具体描述现实某一企业的商业模式,刻画其行为特征。相较于逻辑层,活动层对商业模式的描述更加具体、翔实,抽象程度较低。

1.商业模式逻辑层:价值主张、价值创造、价值获取

Osterwalder 等(2010)为了清晰地刻画商业模式,提出商业模式画布,其包含的 9 个模块全面地概括了商业模式的要素及各要素之间的关系。它们可以被分为价值主张、价值生产、价值传递和价值获取 4 类要素:价值主张——客户细分、价值定位;价值生产(基础设施配置)——核心资源、关键业务、重要合作;价值传递(客户界面)——渠道通路、客户关系;价值获取——收入来源、成本结构。进一步地,Wu 等 (2010)提出包含价值主张、价值创造、价值获取 3 类要素的商业模式分析框架(见图 2-11)。该框架将 Osterwalder 等 (2010)4 类要素框架中的价值生产和价值传递要素合并为价值创造。在价值网络情境下价值生产(基础设施配置)和价值传递(客户界面)具有不可分割性,因此将价值生产和价值传递统一纳入价值创造。同时,为避免企业因受到竞争者的迅速模仿而失去先发优势,价值获取需要通过治理模式和隔离机制两个属性来支撑和实现(原磊,2007)。

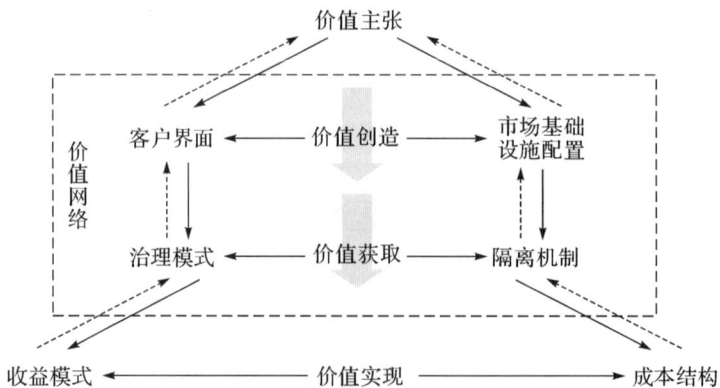

图 2-11 3 类要素商业模式分析框架

来源:Wu 等(2010)。

(1)价值主张

在信息技术的支撑下,通过对不同价值网络尚待挖掘和满足的客户需求

的识别和重视,跨界服务商业模式价值主张的提出扩展了客户的选择集和价值维度,体现了客户的多元性、个性化。跨界者通过跨界搜索和架构创新,将打破原有价值主张单一、静态和矛盾的局面,并强调了以往商业模式研究中未提及的价值创造来源,即包容性(吴东、姚明明,2017)。因此,跨界服务商业模式创新拓宽了价值维度,第一次涵盖了效率、新颖、互补、锁定(Amit & Zott,2001)与包容五大价值来源,因此能够最大限度地满足多个价值网络的客户需求。

(2)价值创造

价值网络观念超出了价值链的线性思维,将关注重心从企业利益转向网络整体,从价值分配转向价值创造。在价值网络理论看来,企业不仅要与顾客、供应商、互补者展开竞争以获得价值(价值分配的过程),更要与顾客、供应商及互补者合作以实现双赢并创造出更高的价值(价值创造的过程)。跨界者通过自建、兼并、联合等方式获取各个行业的互补性的专用性资产以支撑价值创造,传递价值主张。跨界可以实现获取其他行业中互补的资源、能力、产品或服务,与创新生态系统中的互补者紧密合作、共同进行价值创造,为客户提供全套的、无缝的体验(Adner & Kapoor,2010)。

(3)价值获取

在跨界服务商业模式构建的价值网络中,焦点企业与各利益相关者的关系非常复杂,对于焦点企业而言,如何获取价值是分析商业模式的关键,即既要确保做大"蛋糕",又要确保分好"蛋糕"。因此,价值网络中的治理模式和隔离机制对于跨界服务商业模式的价值获取十分重要。

2.商业模式活动层:交易内容、交易结构、交易治理

商业模式的出现是由于企业组织边界的扩大,这使得企业价值创造的范围由企业内部扩大到了边界之外(Foss,2002),因此形成了商业模式这一新的跨组织边界分析单位(Amit & Zott,2001)。Zott 和 Amit 是商业模式领域仅有的在 *Strategic Management Journal*、*Organization Science*、*Journal of Management* 等顶级期刊发表过文章的学者,他们的研究成果意义重大。Zott 和 Amit(2010)认为,活动与交易天然不可分割,交易视角的商业模式同样需要以活动视角重新定义。根据他们的观点,商业模式是由一组跨组织边界的相互依赖的活动组成的系统,所以其本质实际是中心企业、供应商、合作

伙伴及消费者等主体参与上述活动，从而为所有执行主体创造价值。

从活动视角分析是战略管理领域常见的方法。在价值链分析中，Porter（1985）就强调了企业所执行的活动及跨活动的连接，但这种活动多是单向关系。商业模式改变了这种纯单向的分析，这也是它与以往组织分析单元最根本的区别，它开辟了企业在行业内部及跨企业和行业边界从事经济交易活动的新方式（Mendelson，2000）。所以商业模式的分析要从整体层面分析它的结构和它的组成部分之间的关系（Zott，et al.，2011，Zott & Amit，2013）。Zott 和 Amit 识别了活动系统设计元素和设计主题，以指导商业模式设计。设计元素包括交易内容、交易结构和交易治理，也即商业模式的要素，是对商业模式的具体描述内容。

2.3.5 跨界服务商业模式研究的重要性

本书在现有的商业模式及其创新理论的基础上，对跨界服务的商业模式做了深入的探索和研究，具有重要的理论和实践意义。

首先，随着现代服务业和跨界营销的飞速发展，现代服务业中的跨界服务作为新经济现象方兴未艾，并随之产生了对该领域的理论研究的迫切需求，尤其是与之匹配的商业模式研究。不同于制造业和传统服务业，现代服务业提供者的成功大多依赖于商业模式的创新。因此，跨界服务模式的提出是商业模式相关理论在现代服务业情景下的应用、拓展和创新，为我国现代服务业企业的发展提供了有力的理论支持。

其次，跨界服务模式是新颖的商业模式概念，当前的研究尚无对其具象的诠释。新兴技术的出现为跨界服务提供了更多可能，服务提供者通过搭建平台或构建网络，使得跨界服务能够低成本和高效率地创建与发展（Zhao，et al.，2020）。本书从互联网与现代信息技术服务业、现代技术服务与双创服务业、现代生产型服务活动、新型生活型服务活动等现代服务业现象中选择了典型案例进行研究，提出了分别针对 B 端用户和 C 端用户的 5 类跨界服务基本模式，共计 10 种跨界服务模式，对跨界服务模式研究实行了具象化，丰富了现有商业模式的内涵，企业可以更好地参考和借鉴其中理论。

第3章 跨界服务商业模式的分析框架

本书认为,跨界服务商业模式的分析需要在基本框架的基础上增加对战略层的分析,即从战略层、逻辑层、活动层3个层面进行分析。因此,本章将首先阐述跨界服务商业模式创新的情境;接着,按照跨界前因、跨界过程和跨界结果的战略分析框架,将第2章的各个理论视角加以提炼和整合,进行战略层面的分析;最后提出如何通过逻辑层和活动层的商业模式创新,制定和实施企业跨界服务战略,并获得持续竞争优势。

3.1 情境:从行业到商业生态系统

当前企业所处的商业环境正从传统行业价值链向基于价值网络的商业生态系统转变。在这个演化过程中,行业边界被来自技术、市场、规制三方面的客观力量以及来自企业商业模式创新的主观力量不断打破,参与企业商业模式创新的角色也逐渐向多样性、竞合性和互补性转变。在这样特殊的大环境下,跨界服务商业模式创新开始兴起。

传统的价值链模型是以企业为单位考虑企业内部的价值增值活动(Porter,1985)。价值链被广泛运用在某个产品或行业内,聚焦于分析从原材料到终端客户的各个环节,比如部件制造、产品组装、分销、零售等,价值创造或价值转移嵌入供应链中,用来分析企业交易行为(Hinterhuber,2002;Horvath,2001)。传统的战略理论以线性价值链为核心。然而,当前社会愈发呈现个性化、网络化、零散化,线性价值链理论开始受到新兴的价值网络理论的冲击。虽然技术创新、架构创新、企业战略网络理论为企业上游线性的价值增值活动提供了良好的研究基础,但线性的价值链/供应链分析忽略了能够起到价值增值作用的互补者(见图 3-1)。

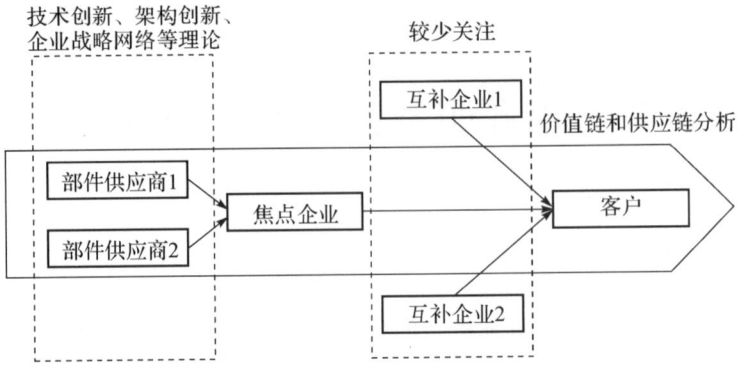

图 3-1　价值链、供应链和商业生态系统的关系

　　商业生态系统不遵循线性价值创造过程,大量的参与者不属于传统价值链。相反,不同的公司通过合作共同向客户提供产品和服务。因此,参与者们不是简单的产业上下游的纵向关系,而是由许多横向与纵向关系交织而成的网络(Moore,1996)。商业生态系统中的各个参与者交织起来,形成一个相互依赖的相关系统,向最终客户提供价值。商业生态系统是一个嵌套的商业化系统,每一个参与者都为一个全套解决方案贡献一个特定的组成部分(Christensen & Rosenbloom,1995)。在一个商业生态系统中,组织间网络包括合作和竞争关系,最终形成一个竞合结构(Moore,1993)。

　　因此,新一轮创新主要来自商业生态系统之间的竞争,而不是单个企业的竞争。商业生态系统里的创新不仅仅关注技术活动(这是知识生态系统的特征),而且需要引入客户(需求)方面(这是知识生态系统所缺乏的)(Clarysse,et al.,2014)。企业间协作以创造和提供解决方案来满足客户的整套价值(Moore,1993)。商业生态系统使得企业可以通过跨界合作创造单个企业无法创造的价值(Adner & Zemsky,2006)。商业生态系统也包括新市场的创造,并引发对相对小的和未能很好定义的商业化机会的追求。

3.2　跨界服务商业模式战略层创新

3.2.1　采取跨界服务战略的前因

在不同的情景下企业会采取不同的战略;企业自身的情况不同,即使面对相同的情景,也会采取不同的战略。因此,企业采取跨界服务战略的前因包括外部环境条件和组织自身因素(见表 3-1),其中外部环境条件又可以从技术体制、市场空间和制度同构三个方面考虑,组织自身因素则可以从战略动机、能力基础和价值网络三个方面考虑。

表 3-1　采取跨界服务战略的前因

外部环境条件	技术体制	技术创新机会窗口:成熟技术范式和新兴技术范式、行业融合; 外部技术可得性:行业结构演化、技术生命周期
	市场空间	市场规模; 细分市场:长尾市场、低端市场和全新市场; 终端客户和产业客户
	制度同构	强制同构、模仿同构
组织自身因素	战略动机	前瞻性和防御性; 架构创新和组件创新; 开放和封闭
	能力基础	资源充裕度、资源互补性、既往跨界经验和知识、组织文化和结构
	价值网络	市场定位; 网络角色、位置

外部环境条件不仅为企业采取跨界服务战略孕育了市场和技术创新的机会,也部分界定了从不同行业和技术领域获取互补资产的可能性、成本和风险,同时也解释了除了预期跨界收益以外的、来自竞争压力和政策法规导向的必要性。

组织自身因素是企业采取跨界服务战略的直接动因,大企业和小企业、在位企业和创业企业会有不同的战略动机、能力基础和价值网络(Kim,et al.,2015)。

因此,即使是在同一外部环境条件下,不同类型的企业也会依据组织自身因素来判断是否采取跨界服务战略。对于决定采取跨界服务战略的企业来说,其目标、计划和行动也会因为组织自身的不同而呈现异质性,最终导致不同的市场绩效。

3.2.2 战略制定和实施的过程

传统战略强调的是战略结果和战略目标的一致性,然而,在高不确定性和高动态性的技术市场环境下,不断迭代和试错的、以问题为导向的创新过程更符合跨界服务战略的需求。同时,在制定战略时,跨界公司对竞争领域、评估新业务机会以及创新的方法的定义也与传统方法截然不同。

因此,跨界服务战略的制定和实施将考验跨界企业在提出问题、分析问题和解决问题过程中的能动性、创造性、快速响应能力和风险承受能力。跨界服务战略制定和实施的过程如表 3-2 所示。

表 3-2　跨界服务战略制定和实施的过程

提出问题	搜寻问题	替代品行业; 互补品市场; 不同市场空间; 不同技术轨迹; 广义核心诉求
	建构问题	现有客户体验的痛点; 被忽视的客户群体和客户需求; 新技术可能服务的客户群体及需求
分析问题	组织内外、行业内外的资源能力	技术、客户基础、人力资源、政策法规等
		充裕性、可获得性、互补性、竞争性、动态性
解决问题	架构创新	发挥类比思维; 突破能力陷阱,适当忘却学习
	互补资产整合	互补资产的流动性和互补性; 自建、联盟和收购
	组织结构调整	拆分或新建独立事业部

1. 提出问题

首先是搜寻问题。传统战略思维密切关注的是行业内的竞争状况、主流市场的需求变化以及本行业的政策法规变化(McGrath,2010)。跨界战略则要求关注跨行业、跨领域的内、外部环境的变化趋势,识别未被满足的需求,从而创造新市场(Kim & Mauborgne,1999)。例如,关注不同行业内的产品和服务是如何满足目标客户需求的;关注不同市场空间价值维度的差异和变化趋势;关注行业内、外的替代品和互补品的技术发展轨迹;关注同一个客户群体内不同需求背后更本质的核心诉求等。Ahuja 和 Morris Lampert (2001)研究发现,跨界搜寻能够使组织搜寻新颖(novel)、新兴(emerging)和首创(pioneering)的技术知识,因而有利于组织整合内外部的知识,实现突破性创新。互联网、大数据、云计算等信息技术为企业进行远程搜寻、数据存储和运算分析提供了技术保障。

在跨界搜寻之后,企业需要以客户为导向建构问题,确定跨界战略需要解决的问题以及企业的创新任务,其中包括现有客户体验的痛点、被忽视的客户群体和客户需求、新技术可能服务的客户群体及需求。

2.分析问题

接下来是分析问题,分析问题需要以客户需求为基础,主要考察组织内外、行业内外的资源能力,包括技术、客户基础、人力资源、政策法规等,分析其充裕性、可获得性、互补性、竞争性、动态性。

3.解决问题

最后是解决问题,包括架构创新、互补资产整合和组织结构调整。

架构创新需要类比思维。有研究强调了类比思维对突破性产品创新的重要作用(Dahl & Moreau,2018)。在跨行业边界的情境下,类比思维有利于创造具有高新颖性的产品(Holyoak, et al., 1996),同时可降低创新风险。不明显的类比需要新颖的方案将关联度较低的知识进行有效组合,带来更大的创新潜力(Hargadon & Sutton, 1997; Holyoak, et al., 1996)。

架构创新还需要忘却学习,突破能力陷阱,以打破现有行业边界、规则和价值创造逻辑。企业原有业务领域的经验积累对企业进入新业务领域的绩效具有负面效应(Min,2016)。因此,在运用类比思维时,要避免受到既有规则的束缚。

当架构设计初步完成后,企业需要利用杠杆、搜寻匹配获得架构创新组件的互补资产。互补资产的流动性和互补性将直接影响企业从新的价值网络架构中获利的多少和难易(Jacobides, et al., 2006),互补品所面临的创新挑战也将直接影响企业架构创新的成败(Adner & Kapoor,2010)。因此,架构创新要根据互补资产的获得和整合情况进行调整,两者是一个迭代演进的关系。

尽管企业可以以自建、联盟、收购等多种方式获取互补资产,但是为了在瞬息万变的竞争环境中建立先发优势,在自身资源或资本市场资金相对充裕的条件下,兼并、收购都是公司获取互补资产的主要模式。

跨界战略大多立足于被忽视的或是未被发现的细分市场,这些市场的规模都较小,因此在位企业在跨界时一般还需要进行组织的结构调整,通过建立独立的、能够在小规模市场获利的事业部进入新市场。如果因为不能满足跨界初期的增长要求而被认为是失败的,企业将很难继续吸引到创新所需要的资源投入(Christensen,2000)。

3.2.3 跨界服务战略的结果

1. 包容性创新

跨界服务战略聚焦于忽视的或是未被发现的细分市场,创造了"蓝海",让原本被忽略的客户也享受到了创新的福利。

2. 破坏性创新

跨界服务战略沟通了跨行业的知识,颠覆了行业规则和竞争基础,引发了行业价值的转移;同时,跨界服务战略降低了许多在位企业的关键资源和能力的重要性,削弱了其竞争优势。

3. 行业架构创新

跨界服务战略加速了技术的跨行业融合,推动跨界服务提供商成为新兴商业生态系统的领导者。

3.3 跨界服务商业模式逻辑层创新

跨界服务战略制定和实施环节能否成功,取决于其背后的逻辑是否自洽。本节将聚焦价值主张、价值创造和价值获取的机理,阐述跨界服务商业模式的内在逻辑。

3.3.1　价值主张

在互联网、大数据、云计算等信息技术的支持下,企业可以准确识别和满足不同价值网络被忽视的或是尚待挖掘的客户需求。跨界服务商业模式价值主张的提出扩展了客户的选择集和价值维度,体现了客户的多元性、个性化。

客户第一是公认的商业准则,指的是在特定的选择集中,决定价值维度重要性排序的是客户,而不是提供产品和服务的企业。选择集总是受到技术、制度等历史因素的扰动而持续变化的,因此价值总是相对的、可变的。企业需要不断重新设计、拓展选择集,如强化现有的价值维度、增加新的价值维度等,设计新的客户体验以适应新的商业环境。

"价值"本质上是"选择集"的函数,在受到严格规制保护的行业或是因为资产专用性限制而只能提供有限产品种类的行业里,其选择集是封闭的,价值维度也因此受到限制,大部分只能体现在产品特征和价格上。在数字经济、智能商业的大环境下,技术的发展和行业准入的放松都促进了行业融合,增加了拓展选择集的机会,这意味着价值维度的增加,客户价值的维度将逐渐从产品特征转向个人体验。在此期间,焦点行业在拓展选择集时,通常有意或无意地挤进其他行业的选择集。

在企业和客户的协调模式方面,企业的任何一项创新都起于了解客户需求,终于满足客户需求。然而,无论企业采用何种方式了解客户需求,企业都需要将了解到的客户需求设计成固定的产品或服务,推向市场,以满足客户需求,并通过大规模、标准化生产来获得规模经济效益,降低生产成本,同时在售后等环节获取用户反馈,用于进行下一轮的产品创新。

因此,在长期的工业经济下,尽管企业重视客户需求,也重视维护和改善与客户的关系,但是由于支撑产品创新和流程创新的生产要素,如资本、专用设备、人力资本等因素自身固有的排他性、不可拆分性、边际效益递减、资产专用性等特性,企业创新的边界是既定的,即沿着特定的技术范式进行产品创新和工艺创新,而一旦主导范式确定,柔性和生产率便是相互矛盾的,激烈的市场竞争使得企业必须在差异化生产和成本之间进行取舍。因此,在工业经济下,一旦企业识别出客户需求并设计出满足客户需求的产品和服务,客户需求便被固化为特定行业的产品特征和价格,客户群体的多样化需求、客户成长的动态性都无法实时影响企业的创新。产品和服务的创新与竞争只能沿着特定行业的技术范式稳定前进。在这种企业与客户的协调模式下，激进式创新往往来自于技术的突破性创新，而不是客户需求的拉动。

在数字经济、智能商业的大背景下，在以网络价值为基础的商业生态环境下，高效、低成本、实时地获取客户需求成为可能，因此，需求拉动真正成为各行各业企业创新的主要驱动力。客户可以实时将自己的需求提供给企业，企业也可以通过高效迭代的算法改进产品和服务，精确满足客户的需求。当企业拥有了海量的客户数据或是可持续获取客户数据的端口时，它便拥有了跨界创新的资本，即能够了解和改善客户体验，创造和满足客户需求，进而实现跨界创新。

因此，互联网、大数据、云计算等技术的高速发展，为跨界服务创新提供了坚实的基础。传统工业经济下的商业创新是对用户体验在某种固定边界内的局部优化，而数字经济下的商业创新将基于活数据的不断生长、算法的持续迭代和理论的关键突破，使用户体验不断突破边界，使价值创造不断跃升，使更广范围内、更深程度上的互动、结网、协同和整体优化成为可能。

跨界者通过跨界知识整合和架构创新，打破原有价值主张单一、静态和矛盾的局面，并强调了以往商业模式研究中未提及的价值创造来源，即包容性。

因此，跨界服务商业模式创新拓宽了价值维度，第一次涵盖了效率、新颖、互补、锁定（Amit & Zott，2001）与包容五大价值来源，能够最大限度地满足多个价值网络的客户需求。

3.3.2　价值创造

跨界企业可以通过自建、兼并、联合等多种方式获取各个行业内互补性的专用资产以支撑价值创造，传递价值主张。

以往文献往往局限于单一企业或特定行业内价值链的互补资产，而创新生态系统理论研究强调面向客户的、来自其他行业的互补品对企业创新的影响。虽然这些来自其他行业的互补品是针对自身特定目标客户所推出的产品和服务，但是这些互补品可以帮助焦点企业的目标客户更充分地使用焦点企业所提供的产品和服务，进而获得更好的用户体验。当缺乏这些互补品时，焦点企业的目标客户只能够正常获取其产品和服务的基础价值。

跨界企业可以通过培育、联盟、收购等手段获取互补资产,以获取其他行业中的互补资源、能力、产品或服务,与创新生态系统中的互补品结合起来,为客户提供全套的、无缝的体验(Adner & Kapoor,2010)。借鉴其他行业的商业模式也有助于企业更加高效地提供满足客户需求的产品和服务。

3.3.3　价值获取

跨界服务商业模式存在着多种价值获取逻辑。

1. 企业可以直接从价值主张的提供和定价中获利

由于跨界企业可以提供兼具新颖性、效率性、互补性、锁定性和包容性的价值主张,因此其产品和服务往往可以拥有价格溢价,或是很好的销量。

2. 企业可以从技术创新中获利

跨界商业模式构建了新的价值网络,为企业拓展了知识来源的渠道,其中来自于客户和互补品的信息有利于企业的技术创新。此外,基于现有价值网络进行的互补资产投资也将成为企业创新商业化的保障,从而激励企业加强技术创新。

互补资产文献强调创新者应掌握与创新相关的行业价值链下游的制造能力、销售渠道、售后服务等环节。创新企业应该因地制宜,结合各国、各地区不同的技术、经济和政治体制(Mezger,2014)等创新环境的特征,掌握(包括自建和联盟)行业价值链上下游各环节,特别是对于创新商业化至关重要的下游制造、销售、售后服务等环节的核心资产(即互补资产),以最大化地占有技术创新的收益(Tidström,2014)。否则,创新企业的先发优势和创新绩效将可能被持有互补资产并进行模仿的竞争者所具有的后发优势所替代。哪怕创新企业具备较高的技术壁垒,不易被竞争者所模仿,缺乏行业价值链上的互补资产也会使得创新企业的收益被相关环节互补资产拥有者的议价能力所掠夺。

特别是当这些竞争者是大型在位企业时,创新企业往往难以凭借技术创新,即使是突破性技术创新(radical technological innovation)获得成功。因为新市场的开拓和发展需要大量资源和包括制造能力、营销能力、品牌形象和客户关系等在内的互补资产。实力雄厚的大型在位企业往往占有、垄断了这些互补资产,或是在这些环节具有绝对优势。因此,除了与互补者等利益相关方进行价值共创,做大"价值蛋糕"外,企业跨界获取互补性资产更是为了从技术创新中获利(Teece,1986)。考虑到中国的知识产权意识仍较弱,无法通过知识产权制度充分保护商业模式创新,这一点就显得更加重要。

3.企业可以从互补资产的增值中获利

跨界者可以通过实现"羊毛出在猪身上"的创新商业模式,从互补资产的增值中获利(Jacobides,et al.,2006)。通过研究 32 家大型医药企业和新生物技术提供者的创新网络,Rothaermel(2001)得出了类似的结论,即现有企业通过开发互补资产可以获得积极的创新绩效表现。

3.4 跨界服务商业模式活动层创新

跨界服务商业模式活动层是对上文逻辑层的支撑,交易内容、交易结构和交易治理构成了基于价值网络的活动体系的设计要素。

3.4.1 交易内容

交易内容指的是不同活动集的选择。不同的商业模式拥有完全不同的活动集,执行不同的活动集也需要不同的资源与能力(中心企业与外部伙伴所拥有的资源与能力)。

跨界服务商业模式创新要求企业从跨组织、跨行业、跨价值网络的活动中确定价值主张,获取互补性资产,构建价值网络,因而其交易内容更加多样和丰富,创新性也更高。

3.4.2 交易结构

交易结构指的是商业的各个活动如何连接起来,包括活动重要性程度的判断(核心、支持、边缘)、活动连接的顺序等。

跨界服务商业模式把来自不同组织,尤其是不同行业和不同价值网络中的资源和能力通过创新性架构重组起来,打破了原有行业和价值网络体系的逻辑和连接方式。

3.4.3 交易治理

交易治理指的是谁来执行这些商业活动,典型的模式有经销商、外包等。

跨界服务商业模式突出了客户和互补者的重要性和能动性。跨界服务战略着眼于新的细分市场,其实施是一个不断迭代和试错的过程。通过与客户和互补者的频繁互动,企业能够明确创新任务,克服创新挑战,保障跨界服务战略的成功实施。因此,从某种意义上来说,跨界服务商业模式的价值主张、价值创造活动都更加普遍地由企业其他利益相关者完成,焦点企业的重点在于协调各个利益相关者的关系,控制其参与商业模式创新的成本、风险、卷入性和节奏,保证各方有利可图,从而使跨界服务商业模式可以持续地生存和发展下去。

3.5　跨界服务商业模式设计的 5 种类型

交易内容、交易结构和交易治理 3 个活动层面的设计元素既是相互独立的,又是高度相关的。活动层设计元素的不同配置,体现了不同价值创造来源的侧重点,反映了不同的价值主张、价值创造和价值获取逻辑,从而使商业模式表现出不同类型的设计主题,如效率性、新颖性、锁定性和互补性(Amit & Zott,2001),以及跨界服务商业模式特有的设计主题——包容性。

因此,本研究将跨界服务商业模式分为效率性、新颖性、锁定性、互补性、包容性 5 种基本设计类型(见图 3-2)。跨界企业可以采用其中的一种或若干种组合。

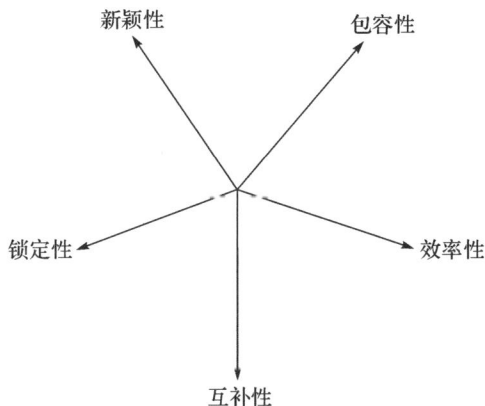

图 3-2　跨界商业模式设计的分类

3.6　跨界服务商业模式分析框架的提出

本书提出,跨界服务商业模式的完整分析框架由活动层、逻辑层和战略层3个部分共同构成(见图3-3)。其中逻辑层的价值主张、价值创造和价值获取具有承上启下的核心作用,解释了商业模式创新和跨界战略的本质逻辑,因此可以作为本研究后续案例分析的基本框架。

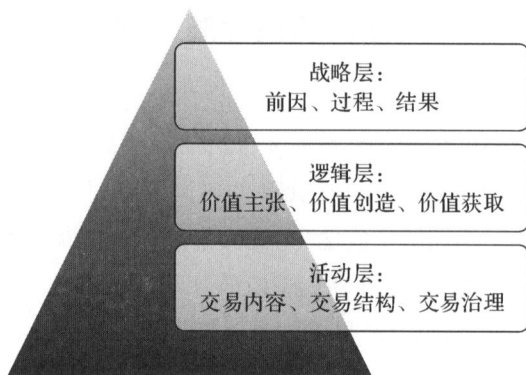

> 战略层:
> 前因、过程、结果
>
> 逻辑层:
> 价值主张、价值创造、价值获取
>
> 活动层:
> 交易内容、交易结构、交易治理

图 3-3　跨界服务商业模式的分析框架

3.7　现代服务业跨界商业模式的设计与分析

本书中跨界服务商业模式分析的对象是现代服务业中的跨界企业,在后续案例分析章节中主要挑选了互联网与现代信息技术服务业、现代技术服务与双创服务业、现代生产性服务活动、新型生活性服务活动四大产业中的典型企业,重点从跨界服务商业模式分析框架中的逻辑层面(价值主张、价值创造、价值获取)进行分析,体现这四大产业中典型跨界服务的商业模式设计方向。这四大产业与民生密切相关,选择这四大产业可以在一定程度上反映出我国现代服务业的发展现状。不仅如此,随着现代科学技术的不断发展和完善,企业将越来越多的注意力投在传统服务业身上,并采取各种现代信息网络技术对线下传统的服务业进行改造,因此加快了传统服务业向现代服务业的转型升级。置身于其中的企业所采用的跨界服务商业模式设计也相当具有代表性,可以反映我国现代服务业企业跨界服务的现状。

3.8　我国"三新"分类与研究案例选取

2018 年,国家统计局以《国民经济行业分类》(GB/T 4754—2017)为基础,制定了《新产业新业态新商业模式统计分类(2018)》(简称《三新分类》),其范围包括:互联网与现代信息技术服务、现代技术服务与创新创业服务、现代生产性服务活动、新型生活性服务活动、现代综合管理活动,重点体现先进制造业、互联网+、创新创业、跨界综合管理等活动。之所以分为新产业、新业态、新商业模式(简称"三新")三个方面,是因为这三个方面可以分别从经济活动的性质、服务业载体的形态以及要素组合的模式等方面对新出现的经济活动作出总体描述(周琳和吴珺,2016)。国家统计局指出,新产业指应用新科技成果、新兴技术而形成一定规模的新型经济活动,具体表现为新技术应用产业化直接催生的新产业、传统产业采用现代信息技术形成的新产业等;新业态指顺应多元化、多样化、个性化的产品或服务需求,依托技术创新和应用,从现有产业和领域中衍生叠加出的新环节、新链条、新活动形态,具体表现为以互联网为依托开展的经营活动等;新商业模式指为实现用户价值和企业持续盈利目标,对企业经营的各种内外要素进行整合和重组,形成高效并具有独特竞争力的商业运行模式,具体表现为将互联网与产业创新融合,把硬件融入服务,提供消费、娱乐、休闲、服务的一站式服务等。

2020 年 7 月 7 日国家统计局公布,经核算,2019 年我国"三新"经济增加值为 161927 亿元,占 GDP 的比重为 16.3%,比上年提高 0.2 个百分点;按现价计算的增速为 9.3%,比同期 GDP 现价增速高 1.5 个百分点。这些数据充分表明,"三新"经济正成为中国经济发展的重要组成部分,对中国经济回升向好的态势具有非常重要的支撑作用。

因此,本书中的现代服务业跨界服务案例将遵循"三新"分类方式,重点关注互联网与现代信息技术服务、现代技术服务与创新创业服务、现代生产性服务活动以及新型生活性服务活动四大产业具有新颖性和代表性的跨界服务案例（如表 3-3 所示），并利用商业模式治理的理论框架分析各案例中服务实现的具体跨界模式。

表 3-3　跨界服务模式案例

大类	小类	案例
互联网与现代 信息技术服务	互联网生产服务平台	淘工厂
	计算平台软件开发	阿里云
	行业软件开发	百度阿波罗计划
	大数据、云计算服务	腾讯云社区
现代技术服务 与双创服务	众创空间	海尔 HOPE 平台
	星创天地	农村淘宝
现代生产性 服务活动	现代互联网金融服务	蚂蚁金服
	人力资源外包服务	猪八戒网
新型生活性 服务活动	医学检验	迪安诊断
	新型外卖送餐服务	饿了么 & 滴滴打车

第4章　互联网与现代信息技术服务业中的跨界服务模式典型案例

由于信息技术具有广泛的适用性和高度倍增性,在信息化的作用下,尤其是随着网络技术的不断发展,社会分工越来越细,专业化程度越来越高,以信息网络技术为核心和源于为信息产业服务的大量服务行业迅速崛起,成为服务业发展的一股重要力量,如计算机和软件服务、网络通信、数字影视、网络传媒、信息服务、现代物流、远程教育、电子商务等。同时,由于这些服务业产业链延伸和专业化分工的需要,出现了多种类型的信息咨询服务业、信息内容服务业等,它们可以提供更深入、更具个性化的定制信息服务。

制造业与现代信息技术服务业的跨界融合,实质上是传统制造业企业借助信息服务业提供的移动互联网、云计算、大数据、物联网等信息通信技术,改变原有的制造模式,推动智能制造,实现生产要素合理配置的过程。美国的制造业回归、德国的"工业4.0"等,就是通过推进制造业与新一代信息技术的深度融合,实现制造业的智能化和服务化发展。

现代信息技术服务业是"互联网+"下的一种新兴产业,以"技术+服务"为核心竞争力,提供专业化、规范化、国际化的互联网、云计算、大数据、人工智能等现代信息技术服务。现代信息服务业与制造业融合渗透将对制造业转型升级产生重大的影响。传统制造业借助信息服务业提供的互联网、大数据等信息技术手段,实现产品定制个性化、企业组织分散化、生产过程虚拟化、生产资源云化、制造服务化。首先从技术研发到产品终端销售与售后服务,制造企业通过现代信息服务业提供的专业化的大数据平台,实现用户全流程参与,定制出满足个性化需求的产品;其次借助互联网技术,制造企业之间实现设计协同、制造协同、供应链协同、服务协同,企业内部、企业之间以及整个价值链的横向、纵向和端对端的信息共享,推动生产和服务过程虚拟化、组织分散化、资源云化;最后制造企业从传统的以提供产品为中心的生产型制造向提供"产品+服务"的服务型制造转变。

4.1　淘工厂:互联网生产服务平台中的共享服务模式

4.1.1　公司简介及2B平台型跨界服务战略意图

阿里巴巴网络技术有限公司是以曾担任英语教师的马云为首的18个人于1999年在浙江省杭州市创立的公司。2003年,淘宝网成立,开始涉足C2C模式;2008年,淘宝商城成立,开始涉足B2C模式。同时,集团下属电子支付平台——支付宝(Alipay.com)于2004年成立;下属云计算服务——阿里云(Aliyun.com)于2009年成立。至今,阿里巴巴集团已经成为一个涵盖B2B、B2C和C2C三种电子商务模式,并拥有以电子支付技术、购物搜索技术、云技术等为代表性技术的,具有强大技术能力的电子商务互联网公司。阿里巴巴集团的使命是让天下没有难做的生意。阿里巴巴集团经营多项业务,另外也从关联公司的业务和服务中取得经营商业生态系统上的支援。其业务以及关联公司的业务包括:淘宝网、天猫、聚划算、全球速卖通、阿里巴巴国际交易市场、1688、阿里妈妈、阿里云、蚂蚁金服、菜鸟网络等。2019年11月26日,阿里巴巴在港交所上市,总市值超4万亿元,股价登顶港股,成为港股"新股王"。年报显示,2019财年,阿里巴巴集团收入达3768.44亿元。

阿里巴巴旗下的1688批发采购平台以批发和采购业务为核心,通过专业化运营,完善客户体验,全面优化企业电子商务的业务模式。1688已覆盖原材料、工业品、服装服饰、家居百货、小商品等16个行业大类,提供原料采购—生产加工—现货批发等一系列的供应服务。

淘工厂成立于2013年年底,它是阿里巴巴旗下1688事业部新上线的平台,定位为连接淘宝卖家与服装加工厂的贸易撮合平台。它是1688针对中小淘宝店难以定制化生产和传统服装加工产能不均衡的特点,推出的一种"共享工厂"。淘工厂是一个专注于帮助中小卖家找到OEM、ODM工厂的平台,是帮助它们实现以需定产和柔性供应链的平台。该平台目前已经实现了25000多家服装工厂与120多万买家的精准对接。

淘工厂作为 2B 平台型服务模式的典型代表,打通了淘宝卖家和工厂之间的连接渠道。在 2B 平台型跨界服务模式下,淘工厂利用大数据、AI 技术进行生产企业与海量中小品牌的精准贸易撮合。它面向广大 B 端企业,通过对淘宝网上的服装卖家的零售大数据分析,将碎片化、随机性的生产加工需求聚合起来,通过智能供需匹配的算法引擎将同类型需求对接给淘工厂平台上拥有闲置产能的优质工厂,实现最高效的供需匹配。它的目标是实现工厂智能化改造,工厂与供应链的智联,打通制造端与消费端。

4.1.2　价值主张

马云认为新制造的核心是数据,连接与打通供应链与产销的数据流,将生产信息直接送达制造企业,完成生产,才能真正实现柔性定制。所以,帮助工厂和卖家知道消费者是谁、在哪、如何服务,是新制造的关键。阿里巴巴集团副总裁、中国内贸事业部总经理汪海提到,目前淘工厂的定位是供应链改造,正致力于打通制造端与消费端。他说:"不是所有工厂都能对消费者有敏感的感知,都能看得见终端用户的需求,而这件事是未来不被淘汰的关键。"因此,淘工厂成立的初衷就是搭建电商卖家与优质工厂的桥梁,旨在帮助工厂实现电商化、数字化转型,打造贯通整个线上服装供应链的生态体系。通过淘工厂平台连接电商卖家和工厂,将懂电商但不懂供应链的电商卖家和懂供应链但不懂电商的工厂撮合起来。通过聚合海量工厂,覆盖消费品行业类目,帮助电商卖家解决找工厂难、小单试单难、翻单备料难、新品开发难的问题。通过满足电商对柔性供应链的需要开始,逐步向线下品牌渗透,以期在未来覆盖整个供应链。

成立初期,淘工厂从试水服装行业起步,而如今,已经有更多垂直领域的淘工厂出现,比如玩具、家居、陶瓷、灯具等行业。通过基于大数据的精准贸易撮合,淘工厂平台旨在有效打破生产端与消费端的信息不对称,让广大的中小微生产企业不再为寻找客源发愁,能够有尊严地生存下去。最初淘工厂的目的是把工厂产能档期搬上网,推进工厂对电商卖家订单的有序生产。现在淘工厂汇聚了淘宝消费端的数据,也让平台具备了利用大数据赋能生产供给端的优势。

4.1.3　价值创造

淘工厂的基本价值创造过程主要包含五个步骤,具体如图 4-1 所示。在

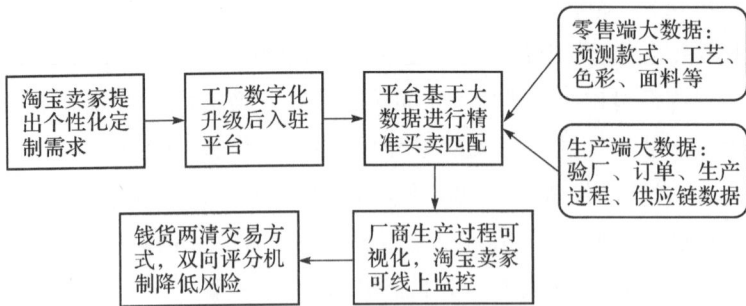

图 4-1　淘工厂的基本价值创造过程

对工厂的数字化改造升级方面,在硬件设备上,帮助中小微企业在工厂端低成本部署嵌入式传感器、智能摄像头等IoT(Internet of Things,物联网)设备,在企业的成本接受能力范围内,做轻量的工厂数字化改造,从"端、边、云"三方面可以实现实时监控并记录工厂员工的制作进展。改造后的每家工厂,将每天超过1亿次的扫描结果变成可量化的数据上云,在线上打造出一个数字孪生工厂。阿里云IoT总经理库伟提到:"淘工厂选择的加装摄像头进行视觉分析收集数据的方法是一条低实施成本、低侵入式的路径。建立产能监控体系是数字化工厂的基础。"在软件上,钉钉为淘工厂开发了钉钉订单协同工具,系统可自动将工厂和买家匹配成组,由订单协同虚拟机器人在线进行生产计划管理,自动跟踪生产计划,发放任务,每日出货量自动更新,并实现订单状态异常预警以及生产线视频点播,方便双方随时查看。据淘工厂数据透露,百人规模的工厂改造成本仅需5万元左右,通过计算机视觉算法优化生产流程,即可使排产效率提升6%,交付周期缩短10%。

根据需求侧(需求聚类、用户画像、补货预测等)和供给侧(产能状况、产品质量评价等)的大数据,淘工厂平台通过算法与建模实现淘宝卖家与工厂能力的精准匹配,让优质工厂获得精准的客户资源,减少供需不匹配造成的时间和资源浪费。

除此之外,淘工厂依托阿里巴巴集团在消费端的经验,正在延展更深度的供应链服务。例如:零售大数据的应用可以帮助工厂进行销售预测和行情预测;AI排产引擎的加入可以帮助工厂设立动态定价模型,提供更具有优势的价格,派单也将更加合理。通过智慧柔性供应链管理的落地,帮助客户增长,订单增长,提升客户体验。据悉,2018年"双11"期间有上百家数字化工厂作为急单救援产能储备,为备货销售做准备。

　　例如,海诺威制衣厂是桐乡一家不到 50 名工人的代工厂,主要生产羊绒衫、羊毛衫。基于淘工厂的算法精准匹配引擎,尽管工厂每日接到的访问量从几十次减少到个位数,但形成交易的概率甚至可以达到 50% 以上。同时,借助平台提供的补货预测功能,工厂可基于淘宝卖家的库存与过去的销售数据,预判未来的销量,从而指导工厂提前备料,缩短交期。自从 2014 年入驻淘工厂平台以来,该厂的年营业额从 1500 万元跃升至 2017 年的 5000 万元,回款期从过去的 2～3 个月减少至仅为 7 天,交货周期从 3 个月缩短至 4 天,获客率达到 50%。

4.1.4　价值获取

　　在交易双方的价值获取方面,淘工厂平台在发展过程中设置了完善的治理机制。

　　1. 约束机制

　　三种交易方式分别为全额支付宝担保交易、信用凭证支付和分期付款交易。第一种交易方式适合于双方为小金额交易且无资金压力的情况。第二种和第三种交易方式分别适合于在大金额交易下淘宝店家有资金压力和工厂有资金压力的情况。分期付款分为两个阶段。一是首付款:卖家下单,首付款存入支付宝担保;工厂上传备料凭证;卖家确认后支付首付款。二是尾款:卖家将尾款支付到支付宝;工厂生产完毕后发货;卖家确认收货后同意支付尾款。如果出现交易纠纷,淘工厂平台可作为中间人进行仲裁,买卖双方无须担心维权问题,整个纠纷处理时间不超过两周。"几乎每家工厂都遇到过赊账和库存压力,货款被拖上两个月是家常便饭。在倒闭的厂家中,90%源自资金链断裂。"浙江桐乡百纯羊绒制品公司总经理王振波对此深有感触。对于这些深受困扰的服装加工厂而言,平台"钱货两清"的交易模式为它们解决了最大的难题——现金流。此外,平台在交易前设有线上验厂报告等深度认证机制,交易结束后设有双向评分机制。

　　2. 激励机制

　　淘宝卖家有钻石、皇冠等不同级别,工厂的勋章体系根据交易额和交期准确率分为钻石、金牌、银牌、铜牌、无牌。对于高等级商家,平台将优先为其匹配优质资源,并给予数字营销、跟单专家等升值服务的费率优惠。这些治理机制一方面降低了参与者的机会主义行为以及信息搜寻成本和交易成本,另一方面激发了参与者自治的积极性。

在淘工厂平台自身的价值获取方面,对于平台生意的核心——撮合买卖这一项,淘工厂并不从中抽取佣金,这样能够吸引广大淘宝卖家和优质工厂参与平台,形成规模经济。淘工厂主要基于自身的海量数据和大数据、人工智能技术,通过为双边客户提供延伸服务来收费。比如对于入驻的工厂,为其开通诚信通会员服务,使其可以获得旺铺建设、客户管理等深度服务;为其开通诚 e 赊,使其可以申请提前收款,减轻资金压力。对于淘宝卖家,淘工厂平台提供跟单专家等供应链服务,帮助卖家全程监督生产过程,协调与工厂的沟通过程,降低延迟交货的风险。此外,淘工厂的价值获取不仅体现在经济价值,更重要的是打通消费端与制造端,帮助阿里巴巴集团构建更加完善的商业生态系统。

4.1.5　小结

淘工厂依托 1688 平台,利用大数据、AI 技术做生产企业与海量中小品牌的精准贸易撮合。通过对淘宝、天猫等服装卖家的零售大数据分析,将碎片化、随机性的生产加工需求聚合起来,通过智能供需匹配的算法引擎将同类型需求对接给淘工厂平台上拥有闲置产能的优质工厂,实现最高效的供需匹配。淘工厂平台实现了闲置产能的商品化与共享。淘工厂的价值就在于,依托卖家,汇聚许多中小微制造企业,借助数字化力量尤其是数据、AI、电商平台及必备的基础设施等重构生产,打通服务,建立一种高度协同的“新制造”价值链。这也是传统制造业“去中心化”的动向。阿里巴巴本身专注于 C 端的电子商务业务,现在已经通过淘工厂平台跨界到制造端,开始打造 C2M(Customer-to-Manufacturer,客户直连制造商)的制造新范式。淘工厂 2B 平台型跨界服务模式小结见表 4-1。

表 4-1　淘工厂 2B 平台型跨界服务模式小结

模式信息	模式要素	要素具体内容	说明
电子商务结合制造业的跨界共享服务模式，服务提供者是淘工厂平台和入驻工厂，与客户——淘宝卖家为平台——用户的双边关系	参与者	淘工厂平台	
		入驻的工厂	
		淘宝卖家	
	目标	实现工厂智能化改造、工厂与供应链的智联、制造端与消费端打通	目标拥有者为淘工厂平台
		打造自身商业生态系统	目标拥有者为阿里巴巴
		获得精准客户资源	目标拥有者为工厂
		满足个性化定制需求	目标拥有者为淘宝卖家
	过程	淘工厂平台联合阿里云对传统工厂进行轻量级的数字化、智能化改造	影响：实现生产的数据化与可视化
		淘工厂平台基于大数据、云计算、人工智能等技术实现工厂与淘宝卖家的精准匹配	影响：减少供需不匹配造成的时间和资源浪费
		基于数据的精准匹配实现全链路协同，如上游设计师和下游面料供应商	影响：建立良性价值共创共享商业生态系统
	载体/资源	淘工厂平台	
		众多数字化升级后工厂的闲置产能	
	质量/价值	精准、快速的匹配服务体验	服务质量
		工厂的客源和利润	工厂获得货币价值
		淘工厂平台获得海量数据	淘工厂平台获得使用价值
		淘工厂平台获得利润	淘工厂平台获得货币价值
		淘工厂平台协助打造商业生态系统	阿里巴巴获得感知价值

4.2 阿里云：计算平台软件开发中的云赋能服务模式

4.2.1 公司简介及 2B 关系型跨界服务战略意图

阿里云计算有限公司创立于 2009 年，是阿里巴巴集团旗下的云计算品牌，它致力于以在线公共服务的方式，提供安全、可靠的计算和数据处理能力，让计算和人工智能成为普惠科技，已发展成为全球领先的云计算及人工智能科技公司。在 2019 智慧零售潜力 TOP 100 排行榜中，阿里云排名第一，并于 2020 年 1 月 19 日获得工信部公布的 2019 年（第 18 届）中国软件业务收入前百家企业的第 3 位。

提到阿里云的战略意图，还需要从阿里系的 C2B 战略、大阿里战略以及淘宝的社区化战略开始。在这些交易平台中，产品交易过程复杂，而隐性知识必须在商家和消费者之间交换。为此，基于多年的数字化转型实践，阿里云首次发布了"双中台＋ET"数字化转型方法论，赋能各行各业。这在推动企业实现数字化转型的同时，通过外包使双方获得互补的竞争力，创造供需双赢的消费平台。马云曾在 2011 年淘宝年会上这样讲道：我希望通过大家的努力，在 24 个月内把 B2B、B2C、C2C 和 Service Provider 彻底打通，形成并创造这个世界的奇迹，因为这是一个佳作，没人可以去做。大家去想象一下，假如 B2B、B2C、C2C 和淘宝、支付宝连串打通，CBBS（Consumer、Business、Service Provider）在同一平台上运营，这是多么伟大的事，我们正在改变这个时代。

阿里系各公司虽然表面上千差万别，但不同于美国通用这样跨行业、跨领域的多元化公司，阿里系始终还聚焦在电商领域，因此，这种"大一统"的战略意图正是催生阿里云的根本原因。阿里人认为未来世界的竞争已经不仅仅是军事的竞争，企业将会成为未来竞争的主体，这就需要技术、产品、服务以及关键资源（比如数据）。而阿里云要做的正是为这个时代建立一套分享机制，让交易更加透明、成果更好分享，实现新商业文明——透明、开放、分享、责任以及全球化。

阿里云的商业蓝图十分宏大，自诞生开始，便始终以客户为核心，积极与企业客户达成战略合作伙伴关系，致力于为客户构建全方位的赋能体系。不仅仅是提供服务这么简单,上云之后,云服务将会被集成于客户企业的各项运营流程之中,在各环节全面赋能企业效率的提升。为了使这种关系型跨界服务实现其最大效益,阿里云特地推出了一个庞大的生态合作伙伴系统。这个基于云计算、大数据和人工智能的生态系统平台,通过提供业务、技术、营销、培训和资金支持,帮助合作伙伴快速开展基于阿里云的云计算、大数据和人工智能相关业务。加入的合作伙伴有机会开创新的业务或解决方案,得到商务、技术、销售、营销、市场资源的支持,借助生态合作伙伴系统实现快速成长。以为合作伙伴提供培训为例,阿里云设立了一个专门的平台,仅需简单注册,便可从这个平台上学习到大量丰富的知识,包括云计算课程、企业级互联网架构(Aliware)课程、安全课程、将近 20 个行业的案例分享、岗位课程,还可报名参与在各地举行的线下课程,与讲师面对面交流。该赋能平台上还提供大量可供下载的文档、直播或视频回放,学成后甚至可参与认证考试从而取得相关的资质。

阿里云把制造、金融、政务、交通、医疗、电信、能源等众多领域的领军企业作为服务对象,已和中国联通、12306、中石化、中石油、飞利浦、华大基因等大型企业客户,以及微博、知乎、锤子科技等明星互联网公司达成合作伙伴关系。目前阿里云提供的产品如表 4-2 所示。

表 4-2　阿里云产品类别

产品类别	主要产品
弹性计算	云服务器 ECS:可弹性扩展、安全、稳定、易用的计算服务 块存储:可弹性扩展、高性能、高可靠的块级随机存储 资源编排:批量创建、管理、配置云计算资源 高性能计算 HPC:加速深度学习、渲染和科学计算的 GPU 物理机 ……
数据库	云数据库 RDS:完全兼容 MySQL,SQLServer,PostgreSQL 云数据库 OceanBase:金融级高可靠、高性能、分布式自研数据库 云数据库 MongoDB 版:三节点副本集保证高可用 数据传输:比 GoldenGate 更易用,阿里异地多活基础架构 ……

续表

产品类别	主要产品
存储	对象存储 OSS：海量、安全和高可靠的云存储服务 文件存储：无限扩展、多共享、标准文件协议的文件存储服务 归档存储：海量数据的长期归档、备份服务 块存储：可弹性扩展、高性能、高可靠的块级随机存储 ……
网络	CDN：跨运营商、跨地域、全网覆盖的网络加速服务 专有网络 VPC：帮您轻松构建逻辑隔离的专有网络 高速通道：高速、稳定的 VPC 互联和专线接入服务 NAT 网关：支持 NAT 转发、共享带宽的 VPC 网关 ……
大数据	大数据计算服务 MaxCompute：快速、完全托管的 TB/PB 级数据仓库解决方案 Quick BI：高效数据分析与展现平台 大数据开发套件：以强大的 Open API 提供良好的再创作生态 流计算：流式大数据分析平台，提供云上流式数据实时分析工具 ……
机器学习	机器学习：基于阿里云分布式计算引擎的一款机器学习算法平台 语音识别与合成：赋予产品在多种应用场景下智能人机交互体验 人脸识别：提供图像和视频中人脸分析的在线服务 印刷文字识别：识别图像中的印刷文字 ……
云安全	安骑士：由轻量级 Agent 和云端组成，集检测、修复、防御为一体 DDoS 高防 IP：将攻击流量引流到高防 IP，确保源站服务器的稳定 加密服务：云数据加密，密钥管理、加解密运算的解决方案 Web 应用防火墙：保护网站业务可用及资产数据安全 ……
分析	E-MapReduce：基于 Hadoop/Spark 的大数据处理分析服务 云数据库 HybirdDB：基于 Greenplum Database 的 MPP 数据仓库 高性能计算 HPC：加速深度学习、渲染和科学计算的 GPU 物理机 大数据计算服务 MaxCompute：TB/PB 级数据仓库解决方案 ……

4.2.2 价值主张

2015 年 1 月 30 日，国务院印发《关于促进云计算创新发展培育信息产业新业态的意见》，指出云计算是推动信息技术能力实现按需供给、促进信息技术和数据资源充分利用的全新业态，是信息化发展的重大变革和必然趋势。发展云计算有利于分享信息知识和创新资源，降低全社会创业成本，培育形成新产业和新消费热点,对稳增长、调结构、惠民生和建设创新型国家具有重要意义。

阿里巴巴董事局主席马云认为,以控制为出发点的 IT 时代正在走向以激活生产力为目的的 DT(data technology)时代。这不仅仅是技术的升级,更是思想意识的巨大变革。阿里巴巴未来 10 年的目标是建立 DT 时代商业发展的基础设施。云计算正是这种基础设施中最关键的部分。就像国家电网一样,云计算能为未来经济提供源源不断的新能源。因此,阿里云秉持"让计算成为 DT 世界的引擎"的愿景,希望更多的合作伙伴、中小企业、开发者能够受益于云计算带来的便利和价值,促进云生态系统的健康发展。

阿里云原总裁胡晓明曾表示:云计算、大数据不仅将在互联网内发生改变,同样会在工业制造、农业作业、城市交通,以及基因学、医疗影像、教育娱乐等领域产生赋能。他说:"云计算、大数据会对各行各业的基础生态产生改变,阿里巴巴希望把已有的能力进行输出,给予更多的创新者、创业者以及政府机构和国内外的合作者们。"

2014 年,阿里云曾帮助用户抵御全球互联网史上最大的 DDoS(Distributed Denial of Service,分布式拒绝服务攻击),峰值流量达到每秒 453.8GB。在 Sort Benchmark 2015 世界排序竞赛中,阿里云利用自主开发的分布式计算平台 ODPS,只用了 377 秒就完成 100TB 数据的排序,刷新了 Apache Spark 1406 秒的世界纪录(见图 4-2)。

4.2.3 价值创造

阿里巴巴集团首席战略官曾鸣对于云计算曾有过系统性的概括,他认为云计算对于企业的价值主要存在于以下三个方面。

一是"移动+云计算"能够实现 IT 服务的"在线化"。这能大幅度降低技术的门槛,打破技术运用的空间界限,让客户体验到云计算服务的即时可用性。另外,弹性计算和计量、软件定义技术带来的自动化和资源整合以及开源技术的成熟带来的规模效应也大幅降低了运营商的成本和并提高了服务的可提供能力,使得按使用付费以及付费模式的多样化成为可能。

二是把云计算转化为一种公共服务,能够使客户使用技术服务的消耗变成一种可变成本,按需使用。这使得企业上云不再是对于固定资产的投入,能够大幅度降低创业公司的成本压力。大公司通过租用 IT 服务变得更加轻

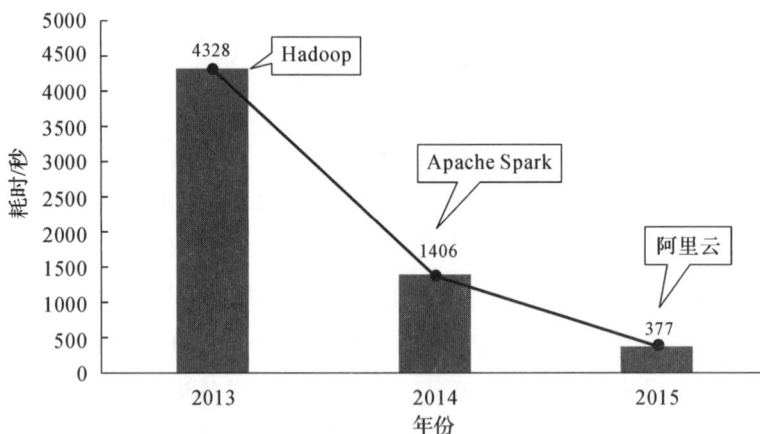

图 4-2　100TB 数据排序耗时

灵，小公司则可以在 IT 资源方面与大公司处于相同的起跑线。

三是云计算把数据变成了一种生产资料和企业资产。上云之后的企业面对用户产生的杂乱无章的大规模数据将不再束手无策，相反，利用云计算技术企业可以快速从数据中获取有价值的信息，进而转化为企业的生产力，甚至支撑企业在互联网和大数据时代的业务创新。

近两年，阿里巴巴以云计算为中心，先后成立达摩院、平头哥等研究团队，在云计算、数据库、AI 等领域都抢占了全球领先排位，而且在底层芯片、量子计算、区块链、IoT 等领域实现了全面布局。另外，阿里几乎在每一个细分领域都有深度的积淀。例如，在如火如荼的 AI 领域，其拥有包括 AI 芯片、AI 云服务、AI 算法、AI 平台、产业 AI 等在内的完善人工智能布局。

从技术的跨度看，阿里囊括了从消费级技术应用到顶尖前沿技术不同层次的布局，从基础研究到现实应用几乎实现了全覆盖。在底层硬件方面，平头哥 RISC-V 处理器玄铁 910、一站式芯片设计 SoC 平台无剑、AI 推理芯片含光 800 均处在世界前列，此外阿里还在服务器硬件方面有诸多突破；在云操作系统方面，阿里建成了中国唯一的自研云操作系统飞天，配套了神龙服务器、数据库、交换机、交换机操作系统等一系列自研技术，作为全球集群规模最大的大数据计算平台，飞天被应用到"最多跑一次"、城市大脑等场景中；在大众最直接感知的消费级应用方面，基于智能语音技术广泛渗透市场和场景的天猫精灵、来源于图像识别技术给网络购物带来极大便利的拍立淘……这些都是消费级市场的典型技术应用。截至 2019 年 9 月，阿里 AI 调用规模已超每天 1 万亿次，服务全球 10 亿人，日处理图像 10 亿张、视频 120 万小时、语音 55 万小时及自然语言 5000 亿句。

马云在 2016 杭州云栖大会上提出了五新——新零售、新制造、新金融、新技术、新能源。阿里云正在成为这五新的基础设施。阿里云的云计算服务不仅会带来互联网的改变，同样会为工业制造、农业作业、城市交通以及基因学、医疗影像、教育娱乐等领域赋能。

4.2.4　价值获取

诚然，阿里云并不只是为阿里系的其他成员公司提供直接的"金融价值"与"云服务价值"。有人说可以将服务于中小企业的结算引导到支付宝交易平台上来，但这显然不足以支撑阿里云存在的必要性。然而，阿里云却创造出了有异于成员公司的新商业模式。如同亚马逊的云服务租赁一样，阿里云提供的是一种全新的、对数据运营的增值服务价值。现阶段阿里云与客户公司的合作模式主要有以下 3 种。

1. Cloud Enterprise 模式

合作伙伴把自有软件和服务与阿里云产品捆绑后形成解决方案提供给客户，并通过云平台的企业账户向客户提供服务。

2. Cloud Inside 模式

合作伙伴把阿里云的产品深度嵌入到自己的产品和解决方案中，开发出新的产品功能和解决方案，增强产品和解决方案的独特卖点与竞争力。

3. Cloud Operator 模式

通过租用或自建阿里云飞天平台和集成云平台 OpenAI，打造自由品牌的云 Portal，向行业或公众提供公有云服务。

阿里云的云服务主要分为三种类型：基础设施即服务（Infrastructure as a Service，IaaS）、平台即服务（Platform as a Service，PaaS）和软件即服务（Software as a Service，SaaS）。IaaS 即消费者按需租用实体（或虚拟）的计算、网络或存储等资源，用户只需要向云计算服务提供商提供基础设施的配置信息，以及相关的用户数据，不必购买价格昂贵的硬件设备，也不必关心设备的维护。PaaS 指将软件研发的平台作为一种服务，将完整的计算机平台，诸如各类应用系统的设计、开发、测试和托管,作为一种服务提供给用户。SaaS指通过云计算平台,用户直接获取自己需要的各类应用系统,如CRM、ERP、OA等管理类软件,SaaS技术将电脑终端的应用程序服务迁移到互联网,企业不必购置基础设施,也不必等待长时间的开发过程,只需要交付低廉的租金,就可以获得云计算平台现成的软件服务。

2020年,阿里云年收入突破400亿元人民币,比上一年度增长62%(如图4-3所示),这意味着阿里云打破了"大体量下增速必然下滑"的云计算行业魔咒。而阿里云估值已经顺势上涨到了770亿美元——这已经数倍于很多以技术为核心的企业整体。

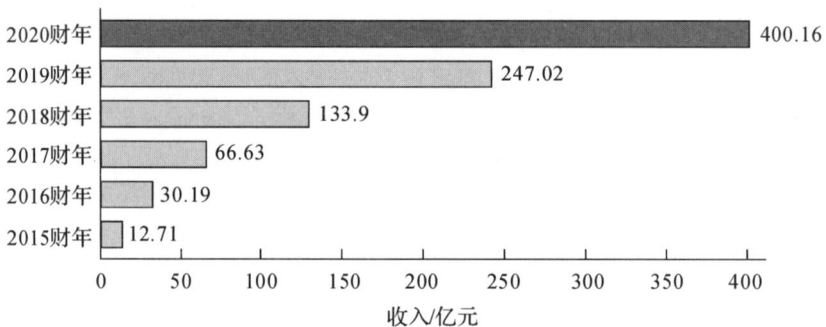

图4-3 2015—2020财年阿里云年收入

4.2.5 小结

阿里云致力于和全世界最优秀的创新型公司展开深入合作,为企业的数字化转型升级服务,为政府的信息化服务,为小微企业的创新创业提供更好的云计算技术能力帮助。对于技术与应用之间的鸿沟,阿里云给出了跨越的方式——生态。2014年,阿里云就开始以"飞天"超大规模通用计算操作系统为基石,整合云计算生态链上的各方力量,为开发者提供其创新所需的资金、产品、服务到云计算应用的全方位资源。凭借强大的汇聚能力,几年来,东软、中软、东华软件、用友、SAP、埃森哲等国内外大型IT服务商陆续成为阿里云的云解决方案合作伙伴,为小微企业的数字化转型赋能(见表4-3)。

表 4-3　阿里云的云赋能跨界服务模式小结

模式信息	模式要素	要素具体内容	说明
互联网与现代信息技术服务业的云赋能模式，服务提供者是阿里云和单个快递公司，与金融支付模式有直接调用关系	参与者	阿里云平台	
		客户企业	
		第三方软件服务商	
		第三方金融机构	
	目标	企业上云完成	目标拥有者为客户企业、阿里云平台
		实现盈利	目标拥有者为阿里云平台、第三方金融机构、第三方软件服务商
	过程	客户企业在阿里云平台上选购所需的云服务，并根据成本和需求情况选择不同的服务模式（租赁、购买等）；根据现金流情况考虑是否引入第三方金融机构资金支持	影响：1.第三方金融机构介入提供资金支持，资金减少，企业现金流增加；2.订单信息生成（收寄件人信息，订单编号信息）
		阿里云技术人员为客户企业上云，并实施相应的技术培训	影响：1.人力资源成本消耗；2.企业技术能力提升
		企业上云完成，支付相应费用	影响：1.该订单更新状态为完成；2.阿里云收益增加；3.第三方金融机构获得利息
	载体/资源	阿里云的云服务及相应硬件设备	
		第三方金融机构的资金	
		阿里云的技术人员人力资源	
	质量/价值	客户企业运营效率提升	客户价值
		第三方金融公司利润	第三方金融公司的价值
		硬件设施质量	客户价值
		阿里云利润	阿里云价值
		软件供应商利润	供应商价值
		领域知识	

4.3　百度阿波罗计划:行业软件开发中的跨界方案服务模式

4.3.1　公司简介及 2B 领导型跨界服务战略意图

百度公司成立于 2000 年 1 月 1 日,是拥有强大互联网基础的领先 AI 公司,是全球为数不多的能提供 AI 芯片、软件架构和应用程序等全栈 AI 技术的公司之一。得益于硅谷的工作经验,公司创始人李彦宏先生很早就发现了搜索引擎和中国市场的巨大潜力。因此他凭借自己的"超链分析"技术专利,让中国也拥有了独立搜索引擎核心技术并使中国成为继美国、俄罗斯、韩国之后全球第 4 个拥有该技术的国家。如今,百度引擎每天需要处理的搜索服务高达数十亿次,是全球百余个国家和地区网民获取中文信息的主要入口。百度的业务领域十分广泛,包括 PC 搜索、移动搜索、Feed(营销中心)、大商业、手百问答、百度金融、智能家居、智能驾驶、百度糯米以及百度贴吧、百度百科、百度地图、百度网盘等。百度公司不仅业务涵盖互联网行业的方方面面,还积极布局人工智能领域,已发展成为全球 AI 四巨头之一。百度的业务概况如图 4-4 所示。

百度系主营互联网服务。以搜索引擎为起点,百度的业务体系已由单一的搜索引擎拓展到以百度贴吧、爱奇艺、百度新闻、百度浏览器、百度地图、百度糯米六大业务为核心,并向客户提供全方位互联网产品和服务的完整业务体系。作为国内人工智能领域的佼佼者,百度在夯实移动互联基础的同时,在战略层面对人工智能业务的发展进行部署,志在决胜 AI 时代。2017年百度开始对内部框架进行重新整合,在"All in AI"转型思路的指导下,将本属于搜索业务部门的 AI 团队与百度 AI 研究院进行合并,重组成百度 AI技术平台体系(AIG),将 L3、L4 及车联网团队整合,成立智能驾驶事业群组,将 DuerOS 团队独立并升级成立度秘事业部。完成了这三大改革,百度便拥有了争夺人工智能制高点的三大主力,也就是用于自动驾驶的 Apollo、用于对话式人机交互的度秘以及用于开源的 PaddlePaddle 深度学习框架。

得益于"All in AI"战略,百度逐渐形成了以搜索公司、AI 技术平台体系、

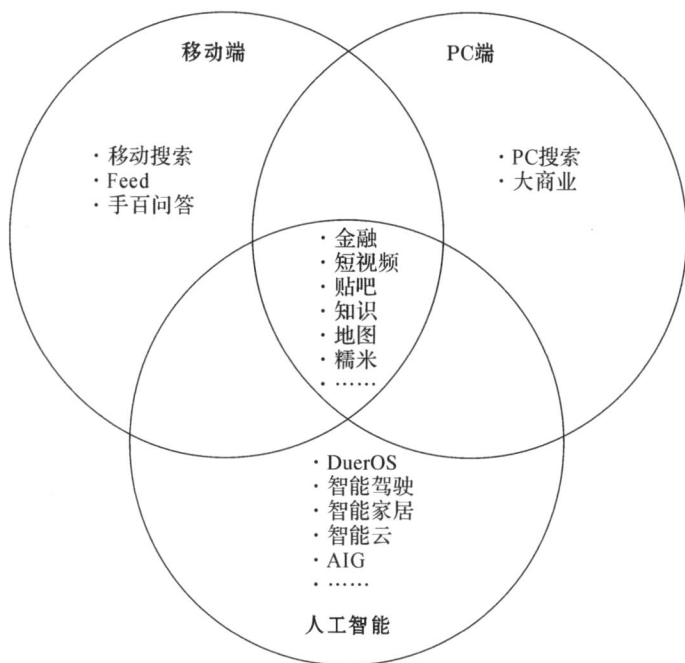

图 4-4　百度公司业务概况

智能驾驶事业群组、智能生活事业群组、新兴业务事业群组和金融服务事业群组所组成的六大事业群平行的基本架构。2018 年百度的营收首次突破1000 亿元,在当年中国上市公司 500 强中以 3879 亿元的市值位列第 17 名,在互联网企业中排名第三。近年来互联网行业发展势头迅猛,而百度公司也在这大潮中如鱼得水,百度公司近几年的营收如图 4-5 所示。

　　在全球权威的自动驾驶评估报告 *Navigant Research 2020* 中的自动驾驶排行榜显示,百度公司成功杀入领导者阵营(一共有领导者、竞争者、挑战者以及跟随者 4 个等级,如图 4-6 所示)。百度 Apollo 从 2017 年至今,一路从第三阵营、第二阵营,最终出现在了行业领导者的位置上。百度前副总裁邬学斌曾表示:Apollo 计划设计的主要目的是给整个智能驾驶和无人驾驶汽车工业提供一个快速的创新生态。而将自动驾驶平台开放计划命名为阿波罗(Apollo),一方面反映了百度跨界进入智能驾驶领域雄心勃勃的梦想,另一方面也反映了百度在几年来耗费巨大人力、财力、精力研发智能驾驶汽车之后,已充分认识到智能汽车是一项非常浩大的系统工程,单靠一己之力是难

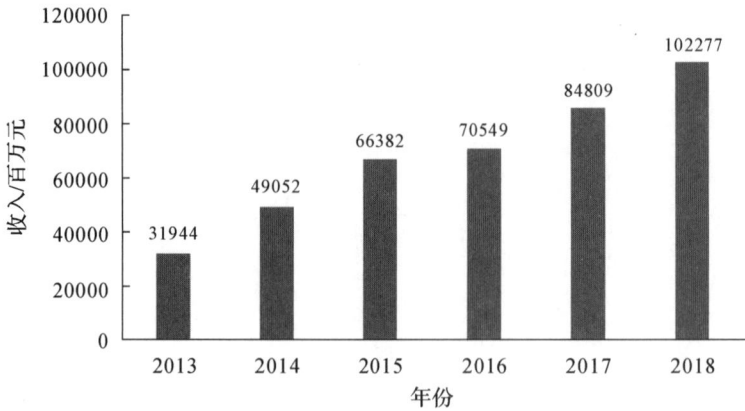

图 4-5　百度公司 2013—2018 年营业收入

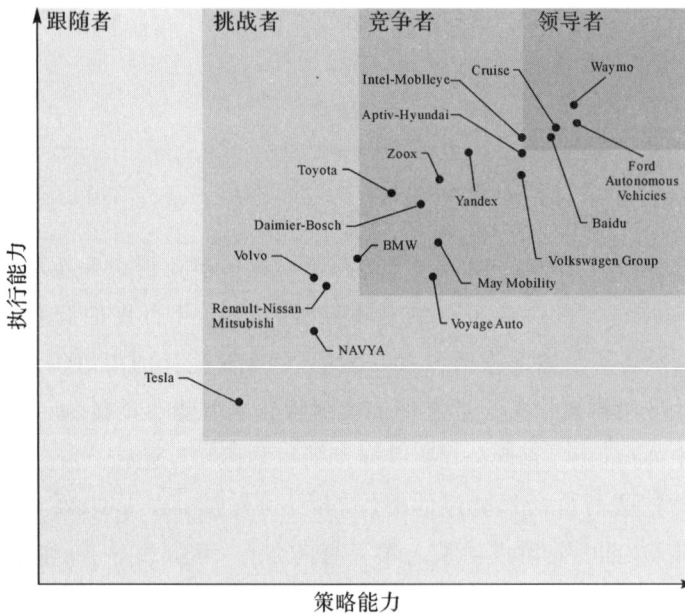

图 4-6　*Navigant Research 2020* 年自动驾驶排行榜

以达成既定目标的。"智能驾驶系统要有感知、计算、决策执行，这些都是硬件，但这些硬件百度并不做。在 Apollo 生态里面，我们会有一个专门的硬件数据库，希望把一些硬件相应的数据库放在里面，以促成软件的使用。"因此，在这个跨行业、多领域的生态系统里，百度以领导者的角色进行高度监控和控制,将其打造成一个打通各家供应商和主机厂的软件平台,将智能汽车里的一些要素对外开放,并且所有参与者都可以免费交换数据,让各厂商都能够在这个平台上获利。

百度凭借打造的 Apollo 平台,既聚拢了合作伙伴,也开拓了产品应用和优化。据百度方面介绍,目前百度 Apollo 在全球拥有 36000 名开发者,生态合作伙伴 178 家,开源了 56 万行代码。而在中国本土,Apollo 就拥有超过 300 辆的测试车队,是目前中国最大的无人驾驶测试团队,在北京、武汉、长沙、重庆、沧州、长春、银川等 23 座城市展开测试,积累了丰富的数据库。从 2019 年 7 月 L4 的测试里程数为 200 万公里到 2019 年 12 月 L4 的测试里程数达 300 万公里,可以说百度在近半年的时间里得到了飞速发展。

4.3.2　价值主张

2016 年 12 月 29 日发布的《国务院关于印发"十三五"国家战略性新兴产业发展规划的通知》明确提出,要在制造、教育、环境保护、交通、商业、健康医疗、网络安全、社会治理等重要领域开展试点示范,推动人工智能规模化应用。发展多元化、个性化、定制化智能硬件和智能化系统,重点推进智能家居、智能汽车、智慧农业、智能安防、智慧健康、智能机器人、智能可穿戴设备等的研发和产业化发展。人工智能的规模化应用是当今整个智能汽车产业所面临的问题。由于传统汽车制造企业人工智能技术研发实力薄弱,而人工智能公司又缺乏汽车制造体系,因此,智能汽车的量产绝非靠一方之力就可以完成的。2017 年 4 月,SAE 2017 全球汽车年会(SAE World Congress 2017)成功召开。会上,百度智能汽车事业部总经理顾维灏在其"重新定义自动驾驶"的主题演讲中提出了百度智能汽车业务的三大主张——安全、舒适、经济。他认为,自动驾驶汽车量产的关键在其经济性,企业能否通过提高技术优势进而创造成本优势决定了智能汽车能否实现真正意卜的商业推广。为了帮助解决智能汽车商业化的问题,百度公司凭借其自身雄厚的人工智能实力,于 2017 年 4 月 19 日推出 Apollo 计划,旨在向汽车行业及自动驾驶领域的合作伙伴提供一个开放、完整、安全的软件平台,帮助他们结合车辆和硬件系统,快速搭建一套属干自己的完整的自动驾驶系统,利用百度自身的技术优势帮助车企建立智能汽车商业化所需的成本优势。

4.3.3　价值创造

2018 年 12 月 28 日,工信部印发的《车联网(智能网联汽车)产业发展行动计划》提出，当前的主要任务之一是突破关键技术，推动产业化发展。充分利用各种创新资源，加快智能网联汽车关键零部件及系统的开发应用，推动构建智能网联汽车决策控制平台。另外，要在 2020 年实现车联网（智能网联汽车）产业跨行业融合取得突破，具备高级别自动驾驶功能的智能网联汽车实现特定场景规模应用，车联网用户渗透率达到 30％以上。

百度认为，当前阶段最适合智能汽车应用的主要有以下三类特定场景：第一，高速公路场景；第二，自动泊车场景；第三，商用车的自动驾驶场景。与城市道路相比，这三类场景中的道路环境相对封闭和稳定，驾驶操作较为固定，实现自动驾驶较为容易。如果能将自动驾驶应用在这些场景中，将大大降低人工成本，提高司机的驾驶舒适度。想要避障，智能汽车就必须能够提前感知周遭环境中的物体以及它们的运动，从而可提前进行决策。如果仅靠传感器提供的实时数据，汽车的加速与减速将会变得"突发"，这将极大降低乘客体验的舒适度。百度开发的高精地图将有效改善传感器的缺陷。数据证明，百度高精地图可以实现对道路中上百种目标的高精自动识别，相对精度达到 0.1～0.2 米，这能让汽车提前预知道路上的情况变化，提前进行决策，避免出现刹车不平缓带来的不适。

然而，基于深度神经网络（DNN）算法的百度高精地图需要有强大的计算能力作为支撑才能在足够短的时间内实现物体的高精识别。对此，百度的解决方法是与其自动驾驶领域最重要的合作伙伴英伟达进行跨界合作，借助英伟达的 DRIVE PX2 实现算法的高速迭代。在 2017 年的 GTC 大会上，两家企业的跨界成果显得尤为耀眼，应用英伟达 GPU 和相关代码库 TensorRT 进行训练的百度 DNN 模型的训练速度提升了大约 1000 倍，这说明结合百度的 AI 技术和英伟达强大的 GPU，百度高精地图的判别效率和精确性得到了大幅提升。而百度的自定位技术在 PX2 上运行之后，也实现了定位的厘米级精度。

百度的 Apollo 计划，不仅能将百度高精地图、自定位技术等集成在自动驾驶系统里，为人工智能技术薄弱的传统车企提供环境感知、路径规划、车辆控制、车载操作系统等完整的自动驾驶技术，还能利用其基于深度学习技术开发的 Road Hackers 平台为客户提供数据开放、自动驾驶算法的演示和自动驾驶算法基准测试评比等开发测试工具。在该计划的运作下，百度已与超过60 家车企开展战略合作，其解决方案已配置于 200 多款车型上。

4.3.4　价值获取

Apollo 计划所提供的跨界服务给 AI 时代的车企带来了巨大的价值，也推动了智能汽车行业的快速发展。然而，或许没有人相信，站在智能汽车风口前沿的百度竟然选择免费开放无人驾驶技术，这无疑是对现有 2B 商业模式的颠覆。

不难发现，百度的这种非营利商业模式对智能汽车行业的竞争格局带来了巨大的冲击。Apollo 计划一推出，产业内各领先企业之前所投的巨额资金可能都打了水漂，这说明百度提供免费的无人驾驶技术并不是简单的慷慨，而是为了营造一个由百度所主导的无人驾驶产业生态，志在占据无人驾驶产业链的顶端。

另外，与各大赫赫有名的车企和零部件厂商进行跨界合作，依托其雄厚的客户基础，百度得到的是广泛的数据来源，由此获得的海量数据将会大大促进百度本身 AI 能力的提升，帮助百度持续改善服务质量，包括感知方面的 CV（Computer Vision，计算机视觉），交互方面的 NLP（Natural Language Processing，自然语言处理），进一步完善 3D 高精地图，以及利用大量的驾驶行为提升无人驾驶能力。

4.3.5　小结

百度作为互联网企业，在 AI 领域的跨界服务模式中首先是自主研发基于人工智能算法的无人驾驶技术，并开发 AI 平台，推出 Apollo 计划之后开始与汽车工业企业和零部件制造商进行跨界合作，拓宽产业资源。在 Apollo 项目中，百度的合作伙伴不仅可以得到整套行业领先的无人驾驶技术集成，还能在其 AI 平台上进行算法测评，在短时间内获得智能汽车商业化所需的成本优势。也就是说，百度在智能汽车行业所发挥的作用并不是提供智能汽车，而是用人工智能技术向企业赋能并领导智能汽车行业发展。对于百度而言，这种颠覆性的商业模式帮助百度在无人驾驶领域的现有竞争格局之下占据了有利地位，并且由百度所主导的无人驾驶生态正在形成。而由广泛的合作伙伴所带来的海量数据可以帮助百度实现自身 AI 能力的持续提升。这种领导型的跨界服务模式让 Apollo 计划的参与者之间相辅相成，共同推进无人驾驶汽车的商业化落地（见表 4-4）。

表 4-4 百度 Apollo 计划服务模式小结

模式信息	模式要素	要素具体内容	说明
行业软件开发领域的跨界服务模式,服务提供者是互联网企业和零部件供应商,与客户——汽车工业企业为战略合作伙伴关系	参与者	百度	
		零部件供应商	
		汽车工业企业	
	目标	无人驾驶技术在汽车上的集成	目标拥有者为汽车工业企业
		智能汽车商业化	目标拥有者为汽车工业企业
		占据智能汽车领域主导地位	目标拥有者为百度
		获得数据并实现无人驾驶技术的改进	目标拥有者为百度和零部件供应商
	过程	汽车工业企业提出无人驾驶技术诉求;向百度提供试验品	影响:1.无人驾驶服务被启动,订单信息生成;2.无人驾驶技术集成方案被确定
		百度将无人驾驶技术集成到试验品上并进行调试;与零部件供应商合作优化算法;给汽车工业企业提供成品	影响:1.完成订单造成的成本消耗;2.支付给零部件供应商的费用
		百度从合作中获得数据	影响:1.AI技术能力得到提升;2.市场份额扩大
	载体/资源	汽车工业企业的汽车产品	
		百度的 AI 技术集成品和 AI 平台	
		零部件供应商的服务器等	
	质量/价值	智能汽车驾驶体验	服务质量
		零部件供应商的利润	零部件供应商获得货币价值
		百度公司所获得的数据	百度公司获得使用价值
		智能汽车成本优势	汽车工业企业的感知价值
		百度公司拓展的市场份额	百度公司的感知价值

4.4 腾讯智慧医疗云社区:云计算服务中的云社区服务模式

对于关系型跨界服务模式来说,主导企业需要和相关供应商建立密切的合作关系,赋能供应商完成对客户的服务,如腾讯云为线上医疗提供云服务基础设施,从而完成医疗流程和实现诊断线上化。

4.4.1　公司简介及 2C 关系型跨界服务战略意图

腾讯计算机系统有限公司成立于 1998 年 11 月,由马化腾、张志东、许晨晔、陈一丹、曾李青 5 位创始人共同创立。它是中国最大的互联网综合服务提供商之一,也是中国服务用户最多的互联网企业之一。腾讯多元化的服务包括社交和通信服务 QQ 及微信(WeChat)、社交网络平台 QQ 空间、腾讯游戏旗下 QQ 游戏平台、门户网站腾讯网、腾讯新闻客户端和网络视频服务腾讯视频等。腾讯公司的业务架构如表 4-5 所示。

表 4-5　腾讯公司的业务架构

业务架构	业务职能
企业发展事业群	为公司孵化新业务和探索新业态的平台,推动包括基础支付、金融应用在内的金融科技业务、广告营销服务和国际业务等领域的发展和创新。同时作为专业支持平台,为公司及各事业群提供战略规划、投资并购、投资者关系及国际传讯、市场公关等专业支持
云与智慧产业事业群	推进云与产业互联网战略,依托云、安全、人工智能等技术创新,打造智慧产业升级方案。探索用户与产业的创新互动,打通产业上下游不同企业,联动线上线下的场景与资源,助力零售、医疗、教育、交通等产业数字化升级,同时协助企业更智能地服务用户,构建连接用户与商业的智慧产业新生态
互动娱乐事业群	发展网络游戏、电竞等互动娱乐业务,打造一个从策划、研发、发行、运营至营销的垂直生态链。致力为中国以及全球游戏用户创造高品质产品,并通过在线游戏、直播和线下电竞赛事联动用户,提升总体游戏体验
平台与内容事业群	推进互联网平台和内容文化生态融合发展,整合 QQ、QQ 空间等社交平台和应用宝、浏览器等流量平台,以及新闻资讯、视频、体育、直播、动漫、影业等内容平台,为内容生态创造更好的生长环境。同时,以技术驱动,推动 IP 跨平台多形态发展,为更多用户创造多样化的优质数字内容体验
技术工程事业群	为公司及各事业群提供技术及运营平台支持、研发管理、数据中心的建设与运营,并为用户提供全线产品的客户服务。作为运营着亚洲最大网络、服务器集群和数据中心的事业群,牵头腾讯技术委员会,通过内部分布式开源协同,加强基础研发,建设技术中台等措施,支持业务创新

续表

业务架构	业务职能
微信事业群	搭建和运营微信生态体系,依托微信基础平台,以及微信公众号、小程序、微信支付、企业微信、微信搜索等开放平台,为各行各业的智慧化升级提供解决方案和连接能力。同时开发和运营包括邮箱、通讯录、微信读书等产品

4.4.2 价值主张

腾讯智慧医疗聚焦科技助力,推动医疗健康领域的技术创新、应用创新、合作模式创新。同时,通过与产业链上下游的合作,腾讯致力于推动医疗健康行业的数字化升级,提升医疗服务水平/质量和诊断效率,最终形成共同发展、互惠互利的数字医疗新生态。腾讯智慧医疗包括医学 AI 诊断、智慧医院、腾讯医典,为民众提供全面、便捷、准确、高效的医疗健康服务。

在 2014 年 5 月的全球移动互联网大会(GMIC)上,腾讯的 COO(Chief Operating Officer,首席运营官)任宇昕表示,互联网的未来是连接一切,腾讯便是一家做连接的公司,包括人与人、人与服务、人与线下等之间的连接;在移动互联网时代,腾讯应考虑和大量的连接型公司合作,做好它们的平台、接口。3 个月后,微信支付推出了"微信智慧生活"全行业解决方案。该方案以"微信公众号＋微信支付"为基础,帮助传统行业将原有的商业模式移植到微信平台。智慧医疗便是这"连接一切"的重要行业解决方案(见图 4-7)。

中国看病难的现状使得腾讯在这一领域的动作备受关注。"我关注这个点,并不等于腾讯要自己去做所有的东西。很多时候我们是提出理念,然后我们提供一些基本的零配件,做一些类似于钉子、锄头这样的工具,希望把这个工具给大家,让很多行业拿来就可以用了。"腾讯公司董事会主席兼首席执行官马化腾告诉记者,"但是这个行业(比如说医疗)后面那么深的产业链怎么做,对我们来说就很陌生了,我们要么就投资、要么就提供 API 接口,开放给外面很多懂这个行业的第三方公司。"言外之意,战略投资将在腾讯促使医疗行业升级换代的战略布局中占重要地位。"微信智慧生活"全行业解决方案公布几天之后,2014 年 9 月 2 日,医疗健康互联网公司丁香园宣布获得腾讯的战略投资,投资规模为 7000 万美元。此举被视为腾讯正式布局医疗健康领域的开始。此次投资让腾讯可以从服务医生和企业切入大众健康领域。

行业痛点		微信智能医院
医院号源无处查，挂号排队难	——	微信挂号、候诊提醒
看诊缴费、取报告流程重复排队	——	微信支付问诊费用、电子报告微信实时送达
看诊过程得不到有效指引	——	微信导航
医院、专家停诊等临时消息无法得知	——	微信即时推送
缴费单据收纳麻烦、退费无通知	——	票据电子化、微信即时通知

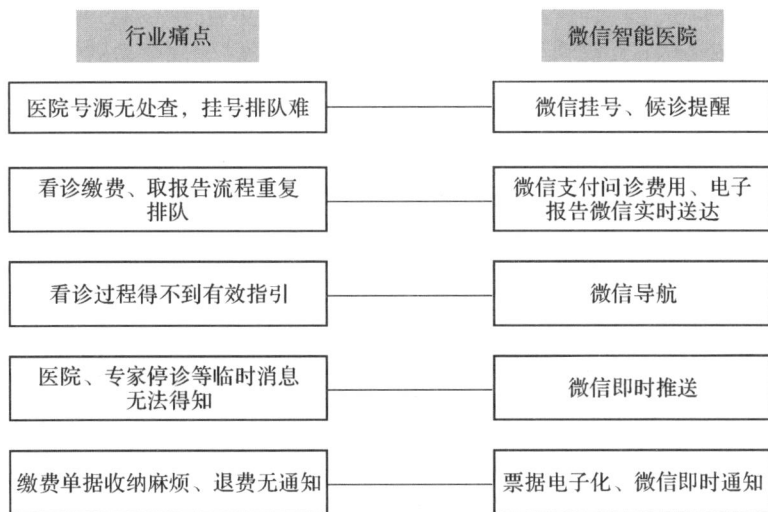

图 4-7　微信智慧云医疗解决方案

丁香园负责人称，获得投资后，公司将持续投入资金与资源来研发面向医生、企业和大众的医疗健康类产品。首先为中国医生提供更好的产品和内容，并将医生资源与制药（医疗器械）企业进行对接，帮助医生与企业之间建立更为合规有效的多渠道学术互动平台。凭借大数据资源优势，丁香园也将为企业与医疗机构提供更为精准与高价值的行业型人力资源解决方案。

4.4.3　价值创造

腾讯方面如此解释智慧医院的行业解决方案：全流程微信支付，减少排队等候；查询排队序号，到号微信提醒；药单、检查单电子化，随时查看等。以全流程微信支付为例，广东省妇幼保健院将"微信全流程就诊平台"与自费以外的医保、新农合等系统打通，成功实现了全流程微信支付，患者可以利用微信完成医保和自费部分的自动扣费。

2014 年 11 月 25 日，微信团队联手广州市卫生局宣布正式推出微信公众号"广州健康通"，同名微信公众号正式启用。全部接入互联网后，市民将可以通过"广州健康通"微信公众号亨受广州市 60 家医院的预约挂号、健康档案查询、微信支付等全流程服务。此举有望解决看病"三长一短"（挂号排队时间长、看病等待时间长、结算排队时间长、医生看病时间短）的问题。

早在"广州健康通"公众号推出之前，除了广东省妇幼保健院，佛山第一人民医院、佛山中医院、广州红十字会医院、广州市番禺区何贤纪念医院、韶关粤北人民医院、武汉口腔医院、上海市第一妇婴保健院等医疗卫生机构已率先通过微信智慧医疗解决方案革新了医疗服务模式，提升了医疗服务效率。之后，广东省妇幼保健院又升级了微信就诊平台，通过扫病例二维码即绑定就诊卡，并可语音搜索挂号科室。语音搜索功能将大大方便中老年就诊群体。

智慧医院的推进来势凶猛。目前，全国已有近100家医院上线微信全流程就诊，超过1200家医院支持微信挂号，服务累计超过300万患者，为患者节省超过600万小时的时间。目前已接入微信智慧医疗全流程体验的近100家医院，绝大部分为当地三甲医院，在上海，已有三分之一的三甲医院可体验微信智慧医院新模式。在上述医疗机构中，微信智慧医疗全流程平台的平均用户使用服务占比40%，微信支付在付费方式中已占比20%。在智慧医院这层解决方案中，腾讯希望能够把挂号、取药、付费全部一体化，用微信的公众号把它全部串起来，包括事后的回访。"比如病例单、X光片这种病例怎么样分享，医生要调以前的病例，这个都是很麻烦的，你要跑来跑去甚至都做不到，而移动互联网信息化了以后，都可以做得到。"马化腾表示，这只是其中一个例子。

在腾讯的智慧医疗战略中，与各家医院的合作仅仅是开始。"后面还有很多医保、社保、医改、医药分家等的障碍，还会有很多的问题。这些跟整个体制有关，没那么容易去改变。我们现在先把一些最清晰的做好了。我想各家都在竞争这个领域，应该会促进这个产业的改革，但是现在还在起步期。"马化腾表示。

因此，尽管当前仍受到传统医疗体制的掣肘，但未来，随着微信智慧医疗体系的深入拓展，微信会设法深入到危急值提醒、轮值通知、护士排班、会诊等医疗流程管理，及通讯录、院内通知、员工点餐、院长日报、医疗设备报修、财务审批等医院内部办公自动化流程管理中，成为医疗卫生管理移动化的重要平台（见表4-6）。未来，腾讯智慧医疗将聚焦"三个加法"实现扩张：扩大覆盖、打通平台、医药O2O。以上三招齐发，微信智慧医疗试图打造更多"放在口袋里的医院"——流畅的就医体验、电子化病例查询、微信健康自我管理，院内管理移动化甚至微信远程会诊，且储存在云端的健康大数据，还可为流行病和重大疾病预警与管理打下基础。"我们希望通过丰富的连接沉淀医疗大数据,为国家推行的分级诊疗健康预防提供支持。"腾讯相关负责人表示。

表 4-6　智慧医疗价值创造

内容	强大的技术优势	丰富的产品解决方案	强大的连接能力	构建全链条产业生态
价值创造	依托腾讯的基础设施能力、人才优势与图像识别、大数据、人工智能等技术积累,助力医疗大健康产业智慧化升级	整合腾讯云、微信、觅影、视频和支付等产品及合作伙伴的产品服务,提供全行业、全流程的医疗大健康解决方案	基于腾讯互联网技术与服务,建立机构与机构之间、机构与用户之间的强连接,助力全方位、全生命周期的大健康产业发展	打造开放平台,联合合作伙伴,构建覆盖医疗、康养、医药、器械、流通、保险、服务等全链条的医疗大健康生态

　　腾讯在健康管理硬件方面也有试水。2019 年 1 月 1 日,腾讯梦工厂孵化器发布糖大夫智能血糖仪。因为当前医疗健康管理硬件仍存在诸多技术等方面的制约,该团队及其产品还在不断尝试优化中。不过,随身携带的健康管理硬件依然是未来智慧医疗的一大重要方向。让患者随时随地都能获得第一手健康信息已经成为未来移动医疗的标配场景。

　　对于腾讯在移动医疗领域的布局,马化腾再次强调其连接器的角色。"我更多的是希望成为一个生态连接器,和大家合作,因为我们现在看到已经有很多方面的合作。"表 4-7 所示为腾讯医疗云的三大部署模式。

表 4-7　医疗云的三大部署模式

名称	公有云	专有云	混合云
模式	轻资产化运作,全部信息化基础设施使用腾讯公有云资源,包括云主机、云存储、云数据库等,真正做到省心、省力、省钱,安全、稳定、放心,您可将宝贵的资源和人力集中投入到专业业务发展建设中	为满足医疗大健康客户的资源定制化需求,腾讯云提供专有物理隔离、独立网络核心的合规 IDC 及云平台,支持统一管控,共享腾讯网络基础设施及安全防护能力	根据客户的业务需求,可实现部分数据、业务部署在公有云,部分数据和业务部署在专有云的混合云部署模式,并可通过统一的运管平台实行统一管控
适用客户	民营医疗机构、医联体、医疗集团、影像中心、基因测序、体检机构、健康管理机构、养老机构、药企、器械企业、药械流通	公立医院、卫健委、医联体、医疗集团、影像中心、民营医疗机构、基因测序、体检机构、健康管理机构、养老机构、药企、器械企业、药械流通	公立医院、卫健委、医联体、医疗集团、影像中心、民营医疗机构、基因测序、体检机构、健康管理机构、养老机构、药企、器械企业、药械流通

4.4.4 价值获取

众所周知，医疗机器人刚刚在国内市场兴起，市场渗透率不足 5%。同时，2016 年工业和信息化部、国家发展改革委、财政部三部委联合印发了《机器人产业发展规划（2016—2020 年）》，预测 2020 年我国服务机器人年销售收入将超过 300 亿元。面对巨大的市场空间和发展潜力，腾讯将智慧医疗市场视为拓展业务的关键点。

随着国内医疗改革的逐渐推进，腾讯投资智慧医疗企业的动作也在加快。自 2014 年以来，腾讯一共投资了 5 家互联网医疗企业：微医、丁香园、卓健、医联、好大夫，累计总金额超过 5 亿美元。不仅如此，腾讯还发布了 AI 医学影像产品"腾讯觅影"，这一产品也是腾讯首次将 AI 技术运用到医疗领域。

一方面，腾讯觅影主要利用 AI 图像识别、大数据处理、深度学习等技术与医学跨界融合，可对早期食管癌等疾病提供辅助筛查的功能。另一方面，腾讯作为巨头对医疗数据的收集较为丰富全面，腾讯觅影可借此进行数据分析处理。因此，腾讯觅影成为目前智慧医疗板块最受腾讯重视的构成环节。

从线下业务布局来看，腾讯已经与全国多个省市十多家三甲医院建立了联合实验室。由于入局较晚，与其他创业公司的线下布局不同的是，腾讯的业务布局以深圳为起点，然后拓展到四川、重庆、广西、河北等地区，主要集中在二线城市。而普通的创业公司初期拓展的医院大多位于北京、上海等一线城市或杭州、武汉等准一线城市。

当然，号称要用"互联网＋"的方式去"连接一切"的腾讯，不满足于线下布局，其早先就开始布局了在线咨询和挂号服务。根据 2017 年 4 月腾讯在"2017 中国'互联网＋'数字经济峰会"上提供的数据，在智慧医疗领域，超过 3.8 万的医疗机构拥有自己的微信公众号，超过 1.1 亿的用户在搜索和使用这些公众号。其中，60% 的服务号提供在线就诊以及挂号服务，而 35% 的服务号则支持微信支付。

从腾讯对智慧医疗的线上线下布局，以及深度研发 AI 赋能医疗产品的动作来看，腾讯的"智慧医疗"计划的目的在于打造一个大的健康管理平台，也可以说是一个智慧医疗生态链。腾讯想通过腾讯觅影抢占医疗 AI 市场的野心日益凸显。

埃森哲咨询在《人工智能：医疗领域崭新的神经系统》中预言未来 10 年的

趋势，认为与健康相关的 AI 市场将以 40％的年复合增长率快速发展。而与之相对应的数据是，《2017 医疗大数据与 AI 产业报告》统计显示，国内有 83 家企业将 AI 应用于医疗领域。实实在在的数据显示，这个预言即将成真。

根据前瞻产业研究院发布的《智能医疗行业发展前景与投资分析报告》统计，2016 年中国智能医疗市场规模达到 96.61 亿元，增长率为 37.9％，中国智能医疗市场规模在持续增长，2017 年将超 130 亿元，增长 40.7％，市场规模有望在 2018 年达到 200 亿元。对于腾讯而言，智慧医疗充满想象空间，而且目前仍处于初始阶段，这显然是一个"吃蛋糕"的绝佳机会。而还有更多企业未来将加入这个行列，研发丰富的智慧医疗产品，开发更人性化的功能，其中包括医患交流、康复陪护、临床医疗、医药研制等更加多元的领域，做出进一步的智能化开拓。

4.4.5　小结

腾讯智慧医疗平台将医疗资源整合到线上平台，通过打造"微信智慧生活"全行业解决方案，提供流畅的就医体验；通过促进产业链上下游合作，提高医疗服务的水平/质量和诊断效率；通过引入人工智能产品腾讯觅影等实现人工智能医疗诊断，为民众提供全面、便捷、准确、高效的医疗健康服务，促进形成数字医疗新生态（见表 4-8）。

表 4-8　腾讯智慧医疗跨界服务模式小结

模式信息	模式要素	要素具体内容	说明
腾讯的智慧云医疗跨界服务模式，服务提供者是腾讯和医疗机构，致力于打造线上智慧医疗平台	参与者	腾讯	
		医疗机构	
		医疗健康互联网公司	
	目标	推动医疗健康领域的技术创新、应用创新、合作模式创新	目标拥有者为腾讯
		推动医疗健康行业数字化升级，提升医疗行业诊断效率，形成互惠互利的数字医疗新生态	目标拥有者为腾讯
		促进医疗资源整合	医疗健康互联网公司
	过程	腾讯推出"微信智慧生活"全行业解决方案	影响：通过与产业链上下游的合作为民众提供了全面、便捷、准确、高效的医疗健康服务

续表

模式信息	模式要素	要素具体内容	说明
腾讯的智慧云医疗跨界服务模式，服务提供者是腾讯和医疗机构，致力于打造线上智慧医疗平台	过程	医疗机构上线微信全流程就诊	影响：1.提供流畅的就医体验、电子化病例查询、微信健康自我管理，院内管理移动化甚至微信远程会诊；2.储存在云端的健康大数据，还可为流行病和重大疾病预警与管理打下基础
		腾讯将 AI 技术运用到医疗领域	影响：1.可对早期食管癌等疾病提供辅助筛查的功能；2.收集丰富的数据进行分析处理
	载体/资源	医疗云	
		微信平台	
		医疗互联网公司	
	质量/价值	线上诊疗	服务质量
		智能医疗市场的开拓	腾讯公司获得货币价值
		腾讯公司所获得的数据	腾讯公司获得使用价值
		医疗资源互联，成本降低	医疗机构获得货币价值
		腾讯公司拓展的市场份额	腾讯公司的感知价值

第5章 现代技术服务与双创服务业中的跨界服务模式典型案例

在"双创"环境与"互联网＋"新业态的影响下,科技服务被赋予新的时代内涵与特征。简单来说,"互联网＋"科技服务并不是互联网与科技服务的简单叠加,而是在互联网的覆盖和影响下所形成的一种新的服务业态。因此,"双创"时代,"互联网＋"科技服务的内涵是以新一代信息技术为支撑,以基于互联网的公共服务平台、资源对接及协同服务平台、学习交流平台和网络互动社区等虚拟空间为服务依托载体,通过建立集科技创新资源管理、科技创新服务和科技金融服务等于一体的科技创新服务网络体系,来推动创新资源、创新要素和创新服务的融合,满足不同类型的创新创业群体对技术、资金、人才和其他资源服务的需求,从而为中小企业提供便利化、个性化、全方位的科技创新服务和开放式的资源共享。

双创服务业对落实创新驱动发展战略、推动科技与经济深度融合具有重要意义。首先,发展科技服务业是落实国家新战略的迫切需要。2014 年以来,国家先后提出了"一带一路""中国制造 2025"和"互联网＋"行动计划等发展战略,大力推进"大众创新、万众创业",这对科技服务业提出了新要求。其次,发展科技服务业是国家实施创新驱动发展战略的重要支撑。随着经济持续增长,产业结构不合理、创新能力不足、资源环境约束等问题越来越突出,经济发展模式必须由投资驱动转向创新驱动。发展科技服务业是打通科技与经济发展之间的通道、促进经济与科技深度融合的关键途径,是深入落实创新驱动发展战略、加快技术创新步伐、促进创新成果转移转化的重要支撑。再次,发展科技服务业是提高自主创新能力的必然要求。面对新一轮科技革命和产业变革,要在激烈的国内外市场竞争中把握主动权,必须不断进行自主创新,实现产业的高端化发展,必须在围绕产业链、部署创新链的同时,加强支撑产业链、创新链的服务链的同步部署,增强知识创造能力,大幅提升技术转移转化效率,全力推进社会创新创业。大力发展科技服务业,不仅有助于开发新技术、催生新业态,而且能够为经济转型升级提供配套科技服务,促进创新成果转化,推动服务业结构和经济结构优化,实现经济持续健康发展。

5.1 海尔HOPE:众创空间中的平台跨界服务模式

在平台型跨界服务模式中,海尔主要起到连接供需双方的作用,作为双边市场的桥梁,连接创意的需求方和供应商相匹配来完成服务,从而激发网络效应。

5.1.1 公司简介及2C项目型跨界服务战略意图

海尔集团创立于1984年,是一家全球领先的美好生活解决方案服务商。在持续创业创新过程中,海尔集团始终坚持"人的价值第一"的发展主线。海尔集团董事局主席、首席执行官张瑞敏提出"人单合一"模式,以其时代性、普适性和社会性实现了跨行业、跨文化的融合与复制。

2018年5月10日——中国品牌日,海尔集团董事局主席、首席执行官张瑞敏首次提出"生态品牌"这一概念,是继产品品牌、平台品牌之后的又一次品牌内涵的迭代和创新,在全球范围内第一次明确提出了物联网时代的"创牌"方式。2019年12月26日,在海尔集团创业35周年暨第六个发展阶段战略主题和第四代企业文化发布仪式上,海尔集团董事局主席、首席执行官张瑞敏与海尔集团前董事局副主席、总裁杨绵绵以及海尔集团前董事局副主席武克松作为联合创始人共同开启了第六个战略阶段——生态品牌战略阶段。

海尔集团始终以用户体验为中心,踏准时代的节拍,从资不抵债、濒临倒闭的集体小厂发展成为引领物联网时代的生态系统,成为BrandZ全球百强品牌中第一个且唯一一个物联网生态品牌。2018年,海尔集团全球营业额达2661亿元,同比增长10%;全球利税总额突破331亿元,同比增长10%;生态收入达151亿元,同比增长75%。海尔已成功孵化上市公司4家,独角兽企业2家,准独角兽及瞪羚企业16家,在全球设立10大研发中心、25个工业园、122 个制造中心，拥有海尔、卡萨帝、统帅、美国 GE Appliances、新西兰 Fisher&Paykel、日本 AQUA、意大利 Candy 等智能家电品牌，日日顺、盈康一生、卡奥斯 COSMOPlat 等服务品牌，海尔兄弟等文化创意品牌。

　　海尔连续 11 年稳居欧睿国际世界家电第一品牌，子公司海尔智家位列《财富》世界 500 强和《财富》全球最受赞赏公司，旗下新物种卡奥斯 COSMOPlat 在工信部双跨工业互联网平台中排名榜首，被 ISO、IEEE、IEC 三大国际标准组织指定牵头制订大规模定制模式的国际标准，物联网时代海尔生态品牌正在实现全球引领。

　　未来，海尔集团将继续携手全球一流生态合作方，建设衣食住行康养医教等物联网生态圈，为全球用户定制个性化的智慧生活。海尔集团的业务概况如图 5-1 所示。

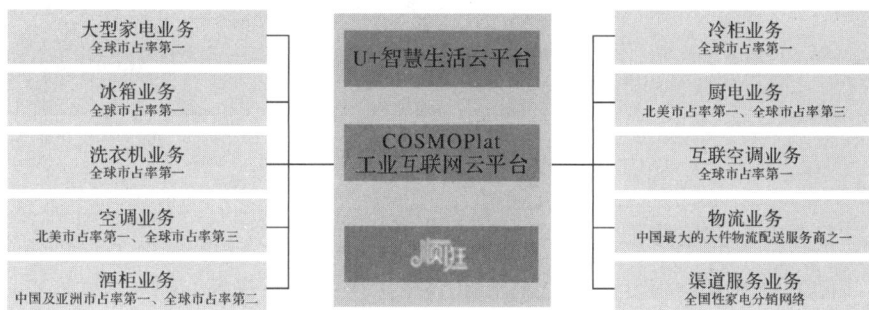

图 5-1　海尔产业布局

　　从 1984 年创业至今，海尔集团经历了名牌战略发展阶段、多元化战略发展阶段、国际化战略发展阶段、全球化品牌战略发展阶段、网络化战略发展阶段 5 个阶段。2019 年 12 月，海尔集团进入第六个战略发展阶段，目标是开创具有引领性的物联网生态品牌（如图 5-2 所示）。创业以来，海尔致力于成为"时代的企业"，每个阶段的战略主题都是随着时代变化而不断变化的，重点关注的就是人的价值实现，使员工在为用户创造价值的同时实现自身的价值。2005 年 9 月 20 日，海尔集团董事局主席、首席执行官张瑞敏提出"人单合一"模式，"人"即员工，"单"不是狭义的订单，而是用户需求，即每个员工基于用户需求的工作目标，人单合一就是员工和用户结合到一起，员工在为用户创造价值的同时实现自身价值，即员工与用户合一、创造价值与分享价值合一。海尔创建的 HOPE（Haier Open Partnership Ecosystem）平台是对传统企业、工厂、员工定位的彻底颠覆：企业从原来的管控组织颠覆成平台化的企业；工厂从原来的流水线颠覆成为用户个性化需求而生存；员工从原来的被雇佣的身份颠覆成为创客。简言之，将实现企业平台化、用户个性化、员工创客化。而这种颠覆要围绕"一个中心"——用户的个性化需求，企业内、外产业链，上、下游都围绕着这个中心而行动。未来，按需定制将成为制造业的大势所趋，企业将不再进行盲目的生产，而是去与用户实现零距离的交互，甚至是全流程参与，所有的一切都将以消费者为中心。

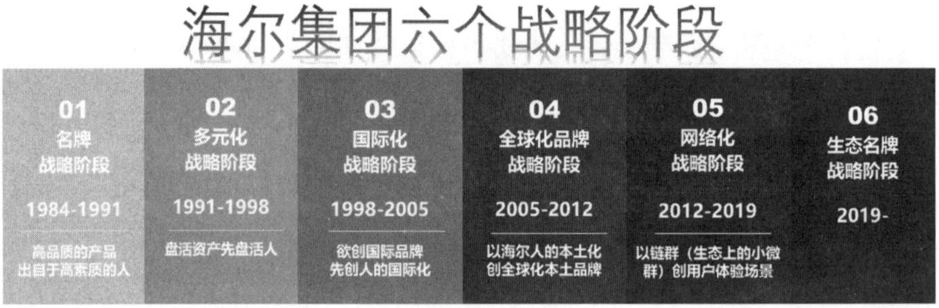

图 5-2　海尔战略发展

5.1.2　价值主张

随着技术复杂程度和用户需求的个性化程度不断提高，传统的利用企业自有资源进行技术创新的手段已经不能适应动态变化的市场和技术环境的需要了。同时，随着全球化进程的推进，信息和通信技术的蓬勃发展，组织间技术交流合作的障碍不断减小，越来越多的企业开始采用开放式创新样式，来整合组织内、外部创新资源，提高创新效率和质量。基于此，海尔提出了开放式创新的基本理念。海尔开放式创新的基本理念是"世界就是我们的研发中心"，其本质是吸引全球资源、用户、企业交互创新，持续不断地产出具有引领性的产品。海尔开放式创新的基本目标是建立全球资源和用户参与的创新生态系统，持续产出颠覆性科技产品，带来最佳的用户体验，实现生态圈内共创共赢。

HOPE 成立于 2009 年 10 月，是海尔研发成立的开放式创新团队。经过9 年的发展，HOPE 已经成为海尔旗下独立的开放式创新服务平台。HOPE 平台是一个创新者聚集的生态社区，一个庞大的资源网络，也是一个支持产品创新的一站式服务平台。HOPE 平台的宗旨是开放、合作、创新、分享。作为海尔开放式创新理念的承接载体,HOPE 平台是一个创新者聚集的生态社区,一个全球范围的庞大资源网络,也是一个支持产品创新的一站式服务平台。HOPE 把技术、知识、创意的供方和需方聚集到一起,提供交互的场景和工具,持续产生颠覆性创新产品。HOPE 可以为客户提供的价值:一是对企业,解决其创新在哪里、如何创新的难题;二是对创新者和创新机构,帮助其实现创新成果以及知识的商业化,同时帮助创新者找到志同道合者,共同创新。2017 年,HOPE 启动了"创新合伙人计划",邀请了大量各领域专家加入,充分发挥大家的聪明才智,为各行各业的产品创新建言献策,共创共赢。

HOPE 平台的服务内容包括以下几个方面。

1. 技术竞争情报

了解相关的产品及技术趋势,才能更有效地制定创新战略。我们提供竞品及技术专题的研究服务。

2. 技术专家咨询

通过社群内汇聚的各领域的技术专家,我们可以快速解答各类跨界技术问题,为您的创新课题明确方向。

3. 消费者洞察

对于消费类产品创新,是否拥有精准、有效的消费者研究决定着创新的成败,通过微洞察工具进行精准的用户洞察。

4. 需求拆解

解决问题的前提是明确问题是什么,并能够指标化地描述问题,这需要一套科学有效的方法支撑。

5. 技术寻源

基于 HOPE 覆盖全球的技术寻源网络,我们能够帮助客户快速、精准地匹配所需的技术资源,加速创新转化。

6. 技术对接会

为企业举办各类技术对接活动,包括技术创新论坛、技术路演及合作洽谈会等。

5.1.3 价值创造

HOPE平台的创新研发模式打破了原来单向的研发模式,即企业研发产品卖给消费者,或者获取用户的需求和创意后,再由企业研发产品卖给消费者。海尔的创新研发模式是将用户和资源引导到统一的平台上,让用户和资源参与深度的交互,交互出来的产品再去转化、销售,即真正让用户和资源都参与产品研发过程的并联研发模式。

HOPE平台通过全流程的资源整合,致力于为企业、个人解决创新的来源问题,以及创新转化过程中的资源配置。首先,海尔集团及其技术团队是HOPE平台强有力的背书;其次,海量信息数据库及技术专家的权威方案给予用户专业的支持和帮助;再次,HOPE平台为创新技术的供需双方提供新合作、新交互方式;最后,HOPE平台为用户精准匹配符合需求的技术团队或产品生产方。根据海尔目前的产品和服务的领域,HOPE平台上形成了空气生态圈、美食生态圈、洗护生态圈、用水生态圈、健康生态圈等七大生态圈,通过用户与合作伙伴之间的交互持续不断地产生引领的创新成果和颠覆的用户体验。在这个平台上,不同的创新机构互相吸引,协同创新,有美国麻省理工、斯坦福等顶尖大学,有中科院、德国弗莱恩霍夫协会等顶尖的创新机构,有新创的小型技术公司,也有老牌的创新企业,甚至包括很多互联网企业,所有人都在为创造美好的用户体验共同努力。HOPE平台自身使用了大数据、深度学习等智能技术,大大提升了资源配置效率。平台后台数据可以根据全球技术热力图和用户痛点热力图进行叠加匹配,迅速识别出用户的痛点在全球有哪些资源能够满足其需求,然后把这些方案反馈回来,用创意方案跟用户去交互创新。

HOPE把技术、知识、创意的供方和需方聚集到一起,提供交互的机会和工具,促成创新产品的诞生。自成立以来,HOPE平台支持海尔各个产品研发团队和超前研发团队创造了众多的颠覆性产品,如控氧保鲜冰箱、净水洗衣机、传奇热水器、固态制冷酒柜、小焙烤箱等,受到消费者的喜爱,在市场上迅速成为明星畅销产品。HOPE不仅为海尔的各个产业提供创新服务,从2015年起也开始为其他的一些公司、机构服务。服务的客户包括能源、汽车、日化、烟草、电力等行业的大型公司,也包括科研机构、创业公司等。

1. HOPE 平台的三大版块

(1)社区交互

通过社区的运营,平台吸引了大批用户参与各种活动。在积累了用户流量以后,通过后台的数据分析与整理,能够全面了解用户在使用家电的过程中对各种电器产品的需求,再加工整理,快速转化为产品规划。同时,大用户流量也能够为创意提供可靠的用户验证基础。

(2)技术匹配

目前 HOPE 平台已经注册了十多万项技术资源,而且每项技术资源都是带着技术方案上平台的。这些技术方案结构化的数据为大数据匹配提供了良好的数据基础。任何的用户需求提到平台后,通过后台的大数据匹配,都能够快速、精准地匹配到合适的解决方案。这使海尔可以快速推出满足用户需求的新产品。

(3)创意转化

HOPE 平台上已经拥有了大量的用户需求信息和技术方案信息,将这两者进行加工整理,就可形成多种可行的产品方案,再加上海尔的六大转化基金的支撑,就能不断推出满足用户需求的产品并进行产品的迭代创新。

通过以上的三大版块,海尔集团构建了五大核心能力,通过五大核心能力支撑平台快速发展,形成了海尔快速的创新和颠覆性的创意。

2. HOPE 平台的五大核心能力

(1)捕捉最新的行业技术动态

除了 HOPE 平台大数据爬虫系统之外,HOPE 平台有专家分析团队,能够对最新的科技情报进行系统的分析,第一时间推送趋势分析,为小微企业提供决策支持。

(2)建立专业的交互圈子

在与家庭生活相关的各类技术领域,HOPE 平台聚集着几十乃至数百个一流专家,这些专家在线与用户和资源方交互,从而打造出一个个细分技术领域交互圈子,每一个圈子都是解决一类技术问题的子生态圈。

(3)持续产出各类颠覆性创意

孵化平台上的发烧友用户和技术大咖不断交互出各种创意,参与创意交互的用户或者资源都能够分享未来上市产品的收益。

(4)快速、精准匹配全流程资源

HOPE 强大的搜索匹配引擎,能够快速将后台资源库、方案库、需求库、创意库进行配对,匹配精准度高达70%。

(5)创意转化全流程支持

海尔为创客提供从创意的提出、交互、孵化,到产业化、营销等全产业链条上的支持。

5.1.4 价值获取

海尔通过搭建 HOPE 开放创新平台,将全球十大研发中心及众多世界级科研机构连接起来,使各种资源能够互联互通,不断为企业发展提供动力。全流程并联交互的开放创新模式有力地支撑了引领产品的快速迭代。2014年海尔推出的系列颠覆性创新产品都是全球创新资源共同创新的成果,如行业首创的免清洗洗衣机、全球首创的 Smart Window 智慧窗冰箱、全球首款组合式智能空气产品空气魔方、最安全的无 CO 燃气热水器、全球首款真正静音的固态制冷酒柜,此外还有海尔星盒、双子云裳洗衣机、天樽空调。海尔开放创新平台的目标就是持续创造出更好的产品解决方案,给用户带来更好的体验。今后,HOPE 平台还将整合更广阔领域的全球一流创新资源,打造"共创、共赢、共享"的创新生态,共同创造更美好的用户体验。

5.1.5 小结

海尔的 HOPE 平台是海尔提供的开放式创新平台,海尔将用户和资源引导到统一的平台上,为企业、个人解决创新的来源问题,以及创新转化过程中的资源配置。海尔通过搭建 HOPE 开放式创新平台,使各种资源互联互通,不断研发出颠覆性创新产品,并打造"共创、共赢、共享"的创新生态(见表 5-1)。

表 5-1 海尔 HOPE 跨界服务模式小结

模式信息	模式要素	要素具体内容	说明
开放式创新平台跨界服务模式,服务提供者是海尔,创新机构和技术专家为参与者	参与者	海尔	
		创新者和创新机构	
		企业	提供资源支持的企业
	目标	建立全球资源和用户参与的生态系统	目标拥有者为海尔
		持续产出颠覆性科技产品	目标拥有者为海尔
		解决创意来源问题	目标拥有者为企业
		解决创意资源配置问题	目标拥有者为创新机构和创新者
	过程	将用户和资源引导到统一的平台上	影响:1.迅速整理产品需求,形成产品规划;2.为创意提供可靠的用户验证基础
		让用户和资源参与深度的交互	影响:合理配置资源,迅速匹配供需双方
		交互出的产品转化销售	影响:生产颠覆性创新产品
	载体/资源	海尔集团及技术团队	
		信息数据库及技术专家解决方案	
		HOPE 平台	为供需双方提供新合作、新交互方式
	质量/价值	开放式创新平台用户体验	服务质量
		创新产品利润	海尔获得货币价值
		解决创新在哪里,如何创新的难题	企业获取的价值
		创新成果及知识的商业化	创新者和创新机构的价值

5.2 农村淘宝:星创天地服务中的全链跨界服务模式

5.2.1 公司简介及 2C 平台型跨界服务战略意图

2014 年 10 月 13 日,阿里巴巴宣布启动"千县万村计划"农村战略,计划在未来 3～5 年内投资 100 亿元,建立 1000 个县级服务中心和 10 万个村级服务站。作为阿里巴巴集团的战略项目,仅仅在半个月后农村淘宝(简称"村淘")便应运而生。通过与各地政府深度合作,以电子商务平台为基础,搭建县村两级服务网络,充分发挥电子商务的优势,突破物流和信息流的瓶颈、人才和意识的短板,实现"网货下乡"和"农产品进城"的双向流通功能。作为实施乡村振兴战略不可忽视的一支重要力量,村淘以星创天地的形式,吸引更多的人才回流创业,在带动就业、减贫脱贫等方面发挥了重要作用,为实现现代化、智能化的"智慧农村"而积基树本。

村淘的愿景是,在全面覆盖乡、镇、村的同时,重构农村地区人、货、场等商业元素,以期为农民提供更优质、更便宜、性价比更高的商品和更佳的服务体验,提升其生活品质,让农村生活更美好,让广大的农民有更多的获得感。历经 6 年的发展,村淘已经经历了 4 个阶段的迭代演化,在摸爬滚打中不断探索促进农村创新创业之道(见表 5-2)。

表 5-2　村淘发展阶段演化

村淘发展阶段	阶段介绍
村淘 1.0 模式	村淘 1.0 模式也被称为"桐庐模式",选择村中央附近经常有大量村民闲坐、聚集、经营状况良好的小卖部兼职代购。因此,村淘 1.0 模式下的"村小二"最多只把 20%～30%的精力放在村民身上,"村小二"们存在业务不全面和专业化程度不高的问题,往往只是被动地应付上门的村民,难免存在不主动、守株待兔的心理,不利于农村淘宝服务站的经营
村淘 2.0 模式	随着阿里农村电商"小县城、大生态"理念的推出,村淘 1.0 模式的兼职代购越来越难以满足农村淘宝服务站新形势的要求。2015 年 5 月,桐庐县农村淘宝服务站率先将村淘 1.0 模式升级到村淘 2.0 模式,即通过更加专业化的考试吸引返乡创业的优秀务工人员和青年大学生,通过严格筛选将创业动机强、创新能力突出、专业素质强、愿意全身心投入服务村民的高中以上学历的人才选拔出来全职经营。相比 1.0 代购模式,2.0 模式最大的特点是更注重创业
村淘 3.0 模式	村淘 3.0 模式是阿里巴巴把整个农村电商服务体系下沉到农村,进一步丰富农村淘宝服务站的服务产品,争取覆盖农村生活和生产的方方面面,也标志着原来以创业为主的村淘 2.0 时代向以服务为主的 3.0 时代迈进。村淘 3.0 模式更加注重"村小二"们的服务意识,也更加注重农村电商生态圈的建设。3.0 模式将人才、金融、医疗、文化、特色农产品上行等有机融合,全力打造农村电子商务的三个中心;村级服务站向生态服务中心、创业孵化中心和公益文化中心转化,让村民们享受更全面、更健康的互联网效益

续表

村淘发展阶段	阶段介绍
村淘4.0模式	村淘4.0模式有了不小的改变,对于农村创业者来说,村淘4.0已经不"农村"了,不再是一个帮农民代购的网点,虽然还是采用农村淘宝的名头,不过实质上已经变成阿里巴巴农村战略在天猫上的一个体现。农村创业者可以借助村淘升级为天猫优品的契机,打通新零售的渠道,把农产品展现在淘宝用户面前。天猫优品服务站的广告上这么说:"零库存,无需压货,周转迅速、无售后风险;线上+线下融合,海量淘宝天猫用户导流到门店,引领购物新体验;一线品牌厂家直采,海量货源,成本最低。"线上流量基本定型,未来的战场就是新零售的市场争夺。随着生活水平的提高和农村消费理念的提升,农村淘宝未来发展呈上升趋势,再加上新零售的风口加持,或许还有阿里新零售补贴的红利,农村淘宝创业将比之前更为顺利

村淘服务站开在哪里,哪里经济就活跃。村淘正以村淘服务站为依托,积极发展一村一品、一乡一业,提升传统农业,壮大农业经营主体。阿里正在做的其实是从电商企业跨界打造一个个面对农民的创业、就业新平台。这中间"村小二"代表了一种平台赋能下的新型创业、就业者。这种就业升级模式的产生,在数年前还堪称罕见,但现在,依托互联网科技平台,已汇聚成一种现象。创业者所经营的服务站以农村淘宝平台为基础,通过菜鸟物流、阿里巴巴大数据平台,灵活联合本地其他农村创业者、农村合作社以及村政府,建立完善的创业生态系统,打破对传统农业的认知,以更完备的服务体系、更稳定的客流来源为导向,构建并升级当地原有的商业系统。

村淘所搭建的科技与商业生态,正在转化为对创业、就业的积极赋能,开创平台型就业与创业型就业,催生大量新职业,有力支撑经济新常态下的就业,成为数字经济催生新就业形态的典范。

5.2.2　价值主张

村淘农产品上行服务坚持农业现代化价值主张,而想要做好农产品上行,最基本的工作是利用现代农业技术帮助中小型散户农民改善农产品的生产和经营方式,这也是"互联网+农业"概念里最难啃的骨头。村淘认为,想要让农村电商成为乡村振兴的新引擎,关键是要让农民具备互联网思维,并掌握现代化的农业知识,这就需要为农村输送大批的新型创业人才。为此,村淘利用其惯有的跨界手法对专有农场、农村合作社以及生产基地进行了大力投资,通过与各地人才市场以及人力资源平台合作,引入并培养具备现代化农业知识和创新思维的青年，作为推动中小型农业的现代化进程的骨干力量。

农产品精品化也是村淘农产品上行的价值主张之一。一个代表性方式是与当地政府合作建立电子商务产业园，通过"投资基础、激活生态、创新服务、创造价值"四大战略布局，实现农产品的创收增值。另外，村淘也欢迎中小型农户的农产品加工订单。"原来的药用丝瓜，只卖初级产品，效益不高，现在将丝瓜络加工成商品，包装好后送到村淘网站上售卖，一个丝瓜络枕头就可卖 80～100 元，效益比原来翻了几倍。"

与村淘服务站所对应，作为农村淘宝重要的组成部分，线下体验店提供了终端销售渠道。它也主要分为两类：一类是农村电商在家电类下行中做的特色服务；另一类是农产品上行的销售渠道。目前，前者在线下体验店中占了大部分。

村淘开设线下体验店的初衷在于用数据的手段重构持续了几十年的农村线下经销体系，用更优的下沉渠道，让农民享有更好的生活。经过详细的市场调研，村淘发现，农村顾客的需求特点主要有：受意见领袖影响较大，更习惯在线下实体店购物，购买商品的刚需性较强，跟风购买，社交感和群体感强。因此，线下体验店的主要价值主张在于满足农村顾客对于质优价廉的商品的需求，打破层次分销体系，将农村用户的日常购买场景从多级分销终端转为单级分销终端。对于农村用户而言，获取商品的效率不是其最紧迫的需求，而是在于有没有机会获取到与城市一样高性价比的商品。例如，村淘在四川沐川县入户多个农家调查，发现每户基本年收入在 1 万多元，但在距其较近的镇电器店购买一款不是很知名的品牌冰柜就需要 1700 元，而同样的商品在村淘却只要 999 元。

线下实体店解决了这样一个问题：在面对较高的农村用户网络购物心理壁垒时，可从根源上打消用户认为"不安全，不可靠"的顾虑，符合其"万一出事，有处可寻"的习惯性思维定式，固定的站点和实物产品，为其提供了足够的安全感。人理解事物有信息认知和形式感知两个层面，而门店就是个很好的形式感知环节。此举帮助村淘在农村用户心中快速建立认知，较快地完成客户基数和用户行为数据的积累，让农村用户可触达、可识别、可运营，最终更精准地为其提供优质的货品双向流通服务解决方案。此外，对于不熟悉网络购物的农村用户而言，线下实体店降低了他们用手机在线上查看商品及线上支付的操作成本和金融风险。

5.2.3　价值创造

村淘所坚持的"互联网＋特色农业"路线是其农业现代化价值主张的具体实现路径,该路径贯穿着村淘所经营的农业生产活动的各个阶段。比如对于传统的农产品从播种到收获的农作物生长周期,村淘提出了基于跨界服务商业模式的全过程解决方案。

首先,在农作物选址时村淘就做足了功夫。一方面,通过充分挖掘其电商平台所积累的多年农产品交易数据,村淘能够提供精确的特色农产品种类、种植产区和市场需求偏好以及需求波动等关键因素;另一方面,来自村淘的农学专家会对当地环境进行现场勘查,对当地纬度、海拔、湿度、风度以及水源等关键性因素进行综合评估,再结合当地农民所具备的农业生产经验,村淘能有效指导农民选取适宜当地特色的农产品种类以及生产规模。这种"农作物投资咨询"的服务模式能够有效降低农民的投资风险,保障农民资产的价值实现以及保值增值。

其次,在农作物种植的过程中,村淘针对配种、育苗、助产、采收等农业生产活动,制订了全流程的标准化科学种植计划,规定了各项生产活动的时间节点。为了能够及时监控农作物的生长状态,在专有农场和生产基地中村淘还建立了全时段监测系统,可以随时观测并记录农场的温度、湿度等数据变化,致力于实现传统农业从粗放种植到大数据反哺种植的跨越。

除了有标准化的种植计划这个先决条件外,农机、农药的使用也是得到农业生产规模效益的关键。因此,村淘凭借其互联网平台优势为农民的生产经营活动集聚了跨行业的优质资源,引进国际知名农机、农药公司入驻平台,比如全球第三大农机企业美国爱科和有着百年传统的荷兰饲料企业皇家帝斯曼集团等。这些企业的入驻首次实现了其产品和服务通过电商平台下沉到中国的千县万村,直达中小农户。不仅能提供农机租赁以及农机、农药的销售业务,还能为农民用户提供及时的补贴指导、农技服务指导及售后服务。该服务模式能大大提高农作物的生产效率,降低生产成本,为农民赢得部分价格优势。

初级农产品市场属于价格敏感型市场,一味地打价格战并不能给农民和村淘带来令人满意的回报。因此,想要在争夺市场的同时获得足够的利润以实现村淘和农民的双赢,商业模式的新颖性将是村淘和加入村淘的农民实施差异化竞争战略的决定性因素。

根据农产品精品化的理念,采收后的农作物需要经历一系列加工才能成为符合市场需求的农副产品。农副产品的加工过程不仅烦琐,而且由于涉及食品安全问题,还需要对质量进行严格把控。而作为农业生产过程的一个必要环节,农副产品加工在本质上是一个农产品的增值过程。村淘敏锐的市场嗅觉发现了每年规模庞大的农副产品加工市场需求,这推动村淘投资农副产品加工行业。这种企业价值链的延伸是典型的企业经营范围的跨界形式。此外,村淘还致力于为农产品生产商提升质检能力,帮助其获得绿色食品认证等规范证件,打造农产品自有品牌。

借鉴淘宝的成功经验,村淘沿用了菜鸟强大的物流体系,作为农产品上行的"生命线"。然而,大多数农产品具有易变质的特性,这使得农产品的运输与存储有别于其他产品。就拿大米来说,想要在互联网上销售,首先就要保证新鲜,同时还要有高品质和好口感,并且大米生长的全过程都被要求能够扫码监控。只有满足这些条件才会在网上售卖。其实,村淘的产品多种多样,每一种都是当地的特产,且产品的生产能够可控,这样的农产品才会吸引消费者的注意。因此,村淘通过联合社会第三方企业搭建起了一个农产品冷链物流基础设施网络,并通过整合阿里集团的各种资源,包括盒马鲜生、天猫超市、三江、银泰,来打通整个农产品上行的链路。这种直销模式有效缓解了传统农产品分销模式下产品价格随销售层级递增的弊端,为中小型农户赢得了利润空间。

通过与第三方企业合作的方式跨界冷链物流,村淘解决了农产品上行的最大发展弊端。另外,这种基于互联网的商业模式所积累的物流数据同样可以作为市场需求变化监测的有效信息来源。通过对数据的分析和消费者喜好的研究,村淘可以提醒农产品商提前签约仓储行业,根据市场波动做好产品的及时入库与出库。这种跨界服务模式让农产品极致服务的实现成为可能。举例来说,在浙江诸暨,30岁的苗女士在下单后10分钟就收到了村淘工作人员送来的奶粉,这也成为2017年天猫"双11"村淘首单送达的快递。

体系构建好了,如何让产品进入消费者的视野呢?众所周知,农贸市场中的农产品种类多,产品新鲜,大部分城市消费群体对于农副产品的消费习惯依然是逛菜市场、逛超市等线下购买方式。很多贫困县的农产品生产出来,有产量也有质量,但因为没有形成品牌化,往往没市场。村淘的农产品上行主打精品农产品,无论其电商平台还是产品所属细分市场都偏向年轻消费群体。通过消费者喜好研究,村淘探索出一条"电商＋明星＋直播"的发展模式,开启了"村播计划"。

与主流的直播软件不同,村播计划邀请的大部分"当红明星"都是当地政府的主管领导。"直播要县长出现",除了希望政府进行公信力的背书,更深层的目的是引导政府的深度参与。从政府的角度来说,"精准扶贫""城镇化建设"是其工作的重中之重。通过与当地政府合作,让相关部门特别是领导直接参与到电商平台的运营工作中,切实感受"电商流量"给农村经济带来的变化。从这个意义上讲,是父母官在代言自己的农产品,这个角色无法由旁人来替代。

村淘这种依靠跨界产生的价值创造方式为中小型农户的农产品带来了广阔的发展前景,但资金问题一直是大多数贫困地区零散农户创业难的首要原因。因此,除了打通农产品上行的物流与信息流,是否能保障农户资金流不断也关乎该模式能否维持。为此,村淘又跨界金融行业,一方面利用蚂蚁金服本身所提供的金融服务支持农户经济活动;另一方面,通过与各大银行合作,开展"银行＋村淘"便民金融服务模式(见图 5-3),例如与中国银行合作,面向农村创业群体量身定制的"福农卡"特色分期业务。该卡除具备信用卡全部的基本功能外,还特别针对农户生产经营需求,添加了特色分期功能,可先支付手续费,到期后一次性还本,且还款期限灵活多样,包括 6 个月、1 年、2 年等,农户可根据农业生产周期选择不同的分期期限,享受方便、实惠的助农金融服务。

在线下体验店的价值创造方面,由于一方面日常消费品在农村市场的价格优势不明显,与当地农村小超市没有价格竞争空间;另一方面农村基础设施较为薄弱,且农村客户要求商品质优价廉,所以月订单量少,物流成本高,毛利率低。而家电类品牌效应和门店规模影响力较高,质量较好把控,销量有保障且毛利率高。因此线下体验店的选品仅关注知名家电和家具品牌,商品以自营的耐用品为主,在服务流程和质量上与快消品有较大差异。线下体验店以牺牲商品丰富度为代价,利用自身资源与知名品牌商合作,同时将代销模式转为自采模式,进一步确保商品质量,降低退货成本,提高了商品的毛利率。此外,村淘针对线上和线下购物场景中用户本身、用户需求、成本等方

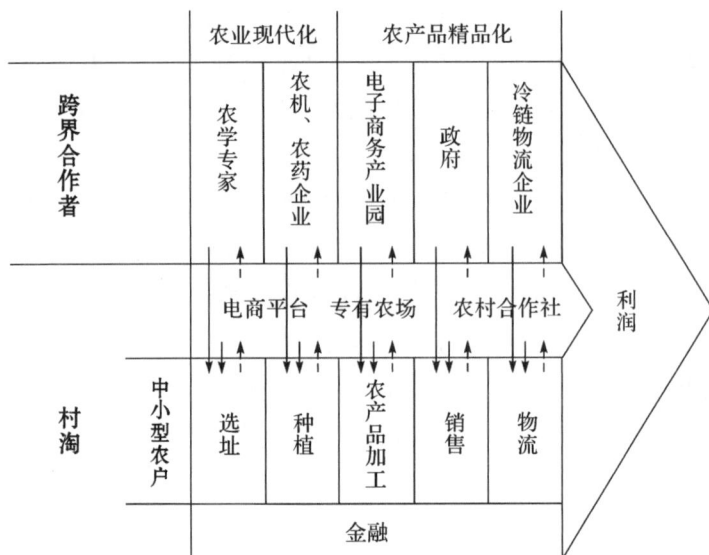

图 5-3　村淘农产品上行价值链

面的差异,对线下店采取特点鲜明的设计方案,如在门店硬装上采用明亮光源、崭新干净的装修风格、简明显眼的门店物料等,同时配套数据监控以不断提升门店流量、线上引导进店成功率、用户需求对焦成功率、用户下单转化率、用户店内动线完成率等指标,继而不断创造价值。

在价值创造过程中,线下实体店的核心能力在于为农村用户提供质优价廉的耐用品。同时,平台将帮助商家直接充当卖方角色,把商家推到与消费者面对面的前台,让生产商获得更多的利润,使更多的资金投入到技术和产品创新上,最终让广大消费者获益。

5.2.4　价值获取

农村淘宝于 2017 年 6 月 1 日正式升级,升级后的农村淘宝和手机淘宝合二为一,成为手机淘宝针对农村市场增设的"家乡版"。目前,农村淘宝的运营模式还是基于合伙人机制,通过运营合伙人,实现村淘的发展。在农产品上行的链路中,合伙人能够充分发挥自己的优势,比如作为村民和村淘平台对接的中间节点,合伙人可以将自己作为一个信息的整合通道,给县运营中心或者第三方平台做信息对接。因此,合伙人解决的是农产品上行中的信息不对称问题,而不是卖货问题。农产品上行是一个系统的供应链体系,在这个体系中需要多方参与,物流、信息、商家、消费者都要参与进来。在这个大的供应链体系中,合伙人正是通过找到自己的定位节点来实现获利。

另外,村淘的线下体验店减少了销售链条的中间环节,连通了家电厂商与农村用户,通过线下体验店流量/转化率/客单价的提升,不断提升单店效益。同时,村淘通过自身的资源网络,与知名品牌商合作,减少了自身库存成本;与专业物流服务商合作,降低了自身库存成本,进一步优化了成本结构。此外,京东、苏宁、拼多多等其他电商也在农村领域持续发力,但农村淘宝落地后,帮助当地建立包括交易、支付、金融、云计算、大数据等在内的电商基础设施,农民创业者借助这些基础设施就能大展身手,这是其他企业无法做到的。这是农村淘宝的独特竞争力所在,也在无形中形成了一种对其他竞争对手的隔离机制,使自身能够获得持续的竞争优势。

5.2.5　小结

长期以来,农民属于弱势群体,农产品缺乏标准化、规模化、品牌化,产销信息不对称,市场流通狭窄,缺乏人才等不利因素,使其在农产品上行时处于被动状态,增产不增收现象时有发生。想要让农产品卖个好价格,提升农民在整个供应链流通渠道的讨价还价和博弈能力,需要与一个能本地化运作的服务商进行利益捆绑,让农民安心种植、养殖,其他问题交由服务商和政府解决。围绕这几点,农村淘宝为农民搭建了一个价值链完善的服务平台,结合物联网、大数据等技术手段,实现农产品的源头可追溯性,让顾客可以了解到农产品的种植、加工、运输及仓储的过程,专业化、一体化的制作过程更让人安心购买。如今正是"互联网＋"时代,阿里巴巴通过农村淘宝实现"互联网＋农业",让贫困地区的农产品有更正规、更安全的销售渠道,既有效利用了农产品资源,又能把农产品供给消费者,可谓一举两得。而村淘的线下体验店则帮助村淘在农村市场形成以销售、服务、营销、物流为一体的四合一货品双向供给网络,以便更好地服务于农村地区消费者。这也是村淘继服务站代购模式后,针对农村市场的又一次战略升级。村淘线下体验店通过跨界整合供应商、物流商等资源,形成了完整的跨界服务闭环(见表 5-3)。

表 5-3 村淘农产品上行服务模式小结

模式信息	模式要素	要素具体内容	说明
物流领域的单级配送模式,服务提供者是第三方平台和单个快递公司,与金融支付模式有直接调用关系	参与者	农民	
		农业专家	
		村淘服务站	
		科研机构、合作社	
		村淘平台	
		仓储服务商	
		农副产品加工商	
		物流服务商	
	目标	农产品上行完成	目标拥有者为所有参与者
		实现盈利	目标拥有者为物流服务商、农民、农业专家、仓储服务商、农副产品加工商、村淘平台
	过程	农民向服务站"村小二"表达需求,"村小二"将信息传递给村淘运营部门,运营部门联系科研机构或合作社,合作社派出农业专家指导农民选种(信息流)	影响:农产品上行业务启动,农业专家与农户的长期合作关系生成
		农业专家监控农作物长势,制订培植计划,指导农户培植,计算产能,并将数据传递给运营部门(信息流)	影响:1.农作物长势得到改善;2.村淘运营部门得到初步计算的产能,开始安排仓储部门和农作物加工商,制定农作物增值计划
		农民收获农作物,交由农作物加工商做成精品农作物,存入仓储服务商的仓库,村淘平台定价并进行销售之后,由物流服务商进行运输(物流),村淘平台将销售所得按合约分配给利益相关者(资金流)	影响:1.农产品上行完成;2.物流公司资金增加;3.农民收入增加;4.仓储服务商资金增加;5.农业专家收入增加;6.农产品加工商资金增加;7.村淘平台资金增加;8.消费者资金减少但获得农产品;9.村淘运营部门获得数据

模式信息	模式要素	要素具体内容	说明
物流领域的单级配送模式，服务提供者是第三方平台和单个快递公司，与金融支付模式有直接调用关系	载体/资源	农作物	
		第三方金融机构的资金	
		物流公司的运输工具、人力资源	
		村淘服务站的人力资源	
		科研机构、合作社的人力资源	
		仓储服务商的人力资源、库存成本	
		农产品加工商的加工能力	
		村淘平台	
	质量/价值	农作物质量	产品质量
		农业专家专业水平	服务质量
		农业专家服务费用	农业专家的价值
		物流公司利润	物流公司的价值
		农产品加工商利润	农产品加工商的价值
		农民的收入	农民的价值
		村淘运营部门的数据	村淘运营部门的价值
		仓储服务商的利润	仓储服务商的价值
		村淘平台网店的利润	村淘网店的价值

第6章 现代生产性服务活动中的跨界服务模式典型案例

生产性服务业主要包括研发设计与其他技术服务,货物运输、仓储和邮政快递服务,信息服务,金融服务,节能与环保服务,生产性租赁服务,商务服务,人力资源管理与培训服务,批发经纪代理服务,生产性支持服务等服务行业。生产性服务活动是以人力资本和知识资本作为主要投入品,把日益专业化的人力资本和知识资本引进制造业,是二、三产业加速融合的关键环节,因此它也是跨界服务现象中的重要组成部分。生产性服务活动的发展水平关系到经济运行效率、经济增长与结构调整和优化,对推动农业、工业、贸易等转型升级、增强企业竞争力,都能起到重要的作用。由于我国还有许多企业处在价值链低端环节,在这类服务中开展跨界服务活动存在巨大的潜力和发展空间。本章选取了蚂蚁金服和猪八戒网作为典型案例,对生产性服务活动中的跨界服务展开详细剖析。

6.1 蚂蚁金服:现代互联网金融服务中的跨界普惠服务模式

6.1.1 企业简介及 2C 领导型跨界服务战略意图

蚂蚁金服是一家旨在为世界带来普惠金融服务的新型科技企业,总部位于中国杭州。它起步于 2004 年成立的支付宝。2014 年 10 月,蚂蚁金服正式成立。蚂蚁金服以"为世界带来更多平等的机会"为使命,致力于通过科技创新搭建一个开放、共享的信用体系和金融服务平台,帮助全球消费者和小微企业获得安全、触手可及、绿色可持续的普惠金融服务,为社会创造更大的价值。2017 年,蚂蚁金服以支付知识产权及技术服务费的名义向阿里巴巴支付的利润分成合计达到 49.46 亿元,按照 37.5％的分润比例折算,那年蚂蚁金服的税前利润达到 131.89 亿元。蚂蚁金服已经成为中国互联网金融公司的领军者。

依靠移动互联、大数据、云计算等技术,蚂蚁金服在经营规模、业务模式以及产品多样化方面均获得了快速发展,并获得了丰厚的利润回报。蚂蚁金融体系已基本成型,呈现出一个全面的金融生态体系,也可以说是一条环环相扣的生态金融产业链。蚂蚁金服涉猎的业务范围如表 6-1 所示。

表 6-1　蚂蚁金服的业务范围

业务	支付	贷款	理财	保险	证券	银行	征信	基金	众筹
名称	支付宝、支付宝钱包	蚂蚁微贷、花呗、网商银行	余额宝、招财宝、蚂蚁聚宝	众安保险国泰产险	德邦证券	网商银行	芝麻信用	天弘基金、德邦基金	蚂蚁达客、淘宝众筹

蚂蚁金服作为互联网企业能够跨界进入具有较高准入门槛的金融服务业,最重要的是,它和一系列金融行业的专业服务供应商,如银行、保险、证券等公司,达成了合作关系,这样才能更好地服务于客户。在蚂蚁金服的 2C 领导型跨界服务模式中,它建立了以支付为中心、通过横/纵向延伸,形成"支付＋理财＋信贷＋保险＋信用"的一站式金融服务体系。蚂蚁金服集团的基本布局为 4 层架构:第一层是以支付宝为中心的超级入口;第二层是包括理财、保险等在内的产品模块;第三层是包括信用体系和风控体系在内的支持系统;最底层是基础设施建设,即大数据、云计算和 AI 等,从而打造了闭合的大金融生态圈。

6.1.2　价值主张

蚂蚁金服起源于支付宝。支付宝成立之初完全是因为淘宝需要属于自己的、更加安全的线上支付工具,但在支付宝发展壮大的过程中,其发现传统金融机构缺乏竞争意识及创新动力。我国银行业经过了 30 多年的高速发展,却留下了巨大的市场空白,这些未经开发的市场需求为支付宝在互联网金融领域的发展提供了基础。蚂蚁金服发展之初正是抓住了这些需求,从而跨界到金融领域,致力于通过互联网技术为用户与合作伙伴带来价值。互联网金融是金融行业和互联网技术、移动通信技术相结合的新兴金融服务业态。互联网的兴起不仅给传统金融行业带来许多发展红利,也为顾客带来了便利。

蚂蚁金服致力于提供普惠金融服务。这一价值主张清晰地表达了其为全球中小企业和个人客户服务,从中创造或发掘价值的思路,是蚂蚁金服金融创新的根本方向,也是服务主导逻辑的初始步骤。

第一,明晰价值观念。在国家大力倡导普惠金融的背景下,蚂蚁金服作为数字普惠金融的实践者关注传统金融服务忽视的低净值个人客户和中小微企业客户,同时,支付宝拥有大量客户基数,已经具备接近全球市场的渠道和便利,蚂蚁金服的创新视野同样放在全球市场。蚂蚁金服提出期盼为世界带来微小而美好的改变,以"为世界带来更多平等的机会"为使命,致力于通过科技创新,搭建一个开放、共享的信用体系和金融服务平台,为全球个人客户和小微企业提供安全、便捷的普惠金融服务。

第二,识别服务对象。蚂蚁金服定位为金融服务的毛细血管,主要服务于传统金融服务难以覆盖的长尾客户,以小额、高频的业务场景为重点,挖掘客户潜在的金融需求,开拓增量市场,与传统金融机构相辅相成,共同丰富和完善金融服务体系。按照企业价值观,蚂蚁金服在成立之初就将全球范围内的个人和小微企业作为服务对象,以支付宝、余额宝、网商银行等产品和服务为基础,运用大数据、云计算等最新技术向顾客提供互联网金融服务,使用户获得平等的金融服务,大大扩展了普惠金融的惠及范围,提升了服务的效率。蚂蚁金服还积极响应国家精准扶贫政策,与农村小额贷款企业展开农信合作,探索"互联网+精准扶贫"。

第三,传递价值承诺。蚂蚁金服在谋求自身发展的同时,不忘肩负普惠金融这一重大的社会责任。蚂蚁金服充分践行普惠金融理念,承诺给所有具有真实金融服务需求的个人或者企业尤其是低净值个人客户和小微企业客户提供平等的、无差异的金融服务。正如蚂蚁金服的名字一样,它像蚂蚁一样,只对小微世界感兴趣,从小微做起,齐心协力形成惊人力量,在通往目的地的道路上永不放弃。在网络、电视、社交平台等传播媒介的宣传中,蚂蚁金服始终保持这一形象,向目标群体、向全社会宣告其价值主张。

6.1.3　价值创造

蚂蚁金服的价值创造主要是通过使用先进的大数据、云计算和人工智能技术，为传统金融服务插上科技的翅膀。

蚂蚁金服在其生态体系的诸多业务中应用了大数据技术。蚂蚁金服主导的网商银行及其前身"阿里小贷"，多年来通过大数据模型来发放贷款。蚂蚁金服通过对客户相关数据的分析，依照相关的模型，综合判断风险，形成了网络贷款的"310"模式，即"3 分钟申请、1 秒钟到账、0 人工干预"的服务标准。截至 2018 年 3 月，网商银行已累计为 1300 多万家小微企业和个体创业者提供超过 1.5 万亿元信用贷款。蚂蚁金服的网商银行服务流程如图 6-1 所示。

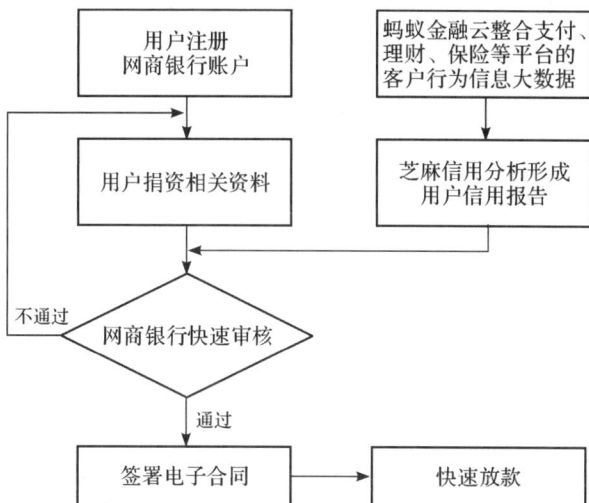

图 6-1　网商银行服务流程

类似地，大数据的应用也充分地体现在蚂蚁金服生态中的第三方征信公司——芝麻信用。"芝麻信用分"是芝麻信用对海量信息数据的综合处理和评估，主要包含用户信用历史、行为偏好、履约能力、身份特质、人脉关系 5 个维度。芝麻信用通过分析大量的网络交易及行为数据，对用户进行信用评估，这些信用评估可以帮助互联网金融企业对用户的还款意愿及还款能力进行评估，继而为用户提供快速授信及现金分期服务。

蚂蚁金服旗下还建立了专门面向金融机构的云计算服务，即蚂蚁金融云。蚂蚁金融云依托阿里巴巴和蚂蚁金服在云计算领域的先进技术和经验积累,集成了阿里云的众多基础能力,并针对金融行业的需求进行定制研发。它作为蚂蚁金服"互联网推进器"计划的组成部分,是一个开放的云平台,助力金融创新、金融机构的 IT 架构实现升级,去构建更加稳健安全、低成本、敏捷创新的金融级应用,使金融机构可以更好地为自己的客户服务。经过几年的建设,蚂蚁金融云已经具备如下特点:高可用容灾(99.99%的可用性)、资金安全管理(上百亿资金/每日的变动)、高并发交易(8.59 万笔/秒的峰值处理能力)、实时安全控制(毫秒级风险防御能力)、低成本交易(几分钱/单笔交易)。

蚂蚁金服的人工智能技术集中表现在"智能客服"。蚂蚁金服通过大数据挖掘和语义分析技术来实现问题的自动判断和预测。可以识别到用户的身份信息,客户端也有用户的行为逻辑,就可以知道用户是在哪个环节遇到障碍,在哪里停住了。在交流过程中,"我的客服"通过语义分析等方式获得关键信息再给予匹配。目前,"我的客服"已经积累了近千个经验专家知识调动库、模型库。过去,从发现和识别问题到快速调度客户服务解决问题需要50 分钟,现在只需 1.6 分钟就可做到策略智能调度响应。2015 年"双 11",蚂蚁金服 95%的远程客户服务已经由大数据智能机器人完成。同时实现了100%的自动语音识别,蚂蚁金服客户中心整体服务量超过 572 万人次,同比增长了 150%。

6.1.4　价值传递

蚂蚁金服不断增强与用户之间的互动,尤其是打造多平台,倡导与顾客之间的有效沟通,以加强顾客和企业的联系,实现共创共享。

1.搭建互动平台

蚂蚁金服借助大智移云等新技术打造了基于"互联网+"的多个金融平台,如支付平台——支付宝、定期理财信息平台——招财宝、智慧理财平台——蚂蚁聚宝、自运营实体平台——财富号、金融信息服务平台——维他命、股权众筹平台——蚂蚁达客等。这些开放性平台将金融企业、金融产品、金融服务、金融信息与金融客户连接在了一起,为企业与顾客的互动提供了更多的机会。平台设置的产品推介、直播频道、问答社区、实时动态等模块,既增加了服务接触的时间又扩展了服务接触的空间,企业与顾客能够直接交流对话,通过便捷性接触实现有效沟通。

2.提升服务体验

随着服务场景的多元化和多样化,蚂蚁金服的平台在升级,顾客的角色在转变,服务体验在不断提升。如在蚂蚁金服的财富号上,问答社区是企业与顾客互动的一个空间,社区会鼓励其他顾客或安排专人来解答问题,回复顾客的留言,以保持问答社区的活跃度。在与平台互动的过程中,顾客不再是单纯的基金购买者,顾客的投资理念和偏好将会影响基金经理对基金产品的设计,使基金经理成为产品的隐性设计者。当顾客得知基金经理参考了自己的投资理念时,将会变得更加活跃,双方不断交换信息,增强了互动体验感。支付宝从服务电商交易的支付工具到服务各行业的支付平台,再到移动生活方式的代表,支付场景在不断拓展,而且增加了社交元素,为用户提供了极大的便利,服务体验得到显著提升。

6.1.5　价值获取

蚂蚁金服借助科技力量,在互联网金融领域通过不断的商业模式创新获取盈利。以蚂蚁保险为例,蚂蚁金服与 86 家保险公司合作,围绕网络消费全流程,为商家及普通消费者提供全面的保险服务,探索保险释放经济潜能新途径。截至 2018 年 3 月,消费保险服务保民 4.7 亿人,仅 2017 年“双 11”当天销售保单超 8 亿单。蚂蚁金服在通过多种业务拓展获取企业自身利益的同时,也关注企业相关方的利益,从而最大限度地整合社会资源,实现各方共同成长。蚂蚁金服从未停止拓展开放的边界。“独木不成林”是蚂蚁金服的信条。蚂蚁金服已经从一家以 2C 业务为主的公司转向同有 2C＋2B 业务的为合作伙伴提供生态圈的公司。2019 年 12 月 16 日,中国工商银行与阿里巴巴、蚂蚁金服在北京签署全面深化战略合作协议,加快构建数字金融的合作平台,发展新生态。

6.1.6　小结

蚂蚁金服的业务内容各不相同,但这些业务的基本流程却大致相同(商家、企业、金融机构等通过平台向用户发布相应产品,经用户申请后,平台进行相应的内部审核、评估等流程,最后进行双方对接促成交易),而且这些业务平台并不是完全独立的,蚂蚁金服实现了同一账户连通模式(即一个账户可以登录所有的业务平台),各个平台相互之间存在数据联系,其核心就是打造一个客户资源共享的信息网络平台群,以产生范围经济。蚂蚁金服的各个业务平台是相互联通的:支付业务为融资、理财等业务提供了支付结算渠道;蚂蚁金融云不仅用于支持支付、融资、理财等业务的日常运行,还对其产生的数据进行汇总、分析,再传递给芝麻信用进行信用评估;芝麻信用则将数据以信用分的形式返回应用于支付、融资、理财等业务;蚂蚁金服采用"同一账户"模式,更是推动了业务与业务之间、平台与平台之间的用户流动与增量累加,大大降低了用户管理成本、信息收集成本以及积累用户所需的运营成本等。蚂蚁金服各个业务平台之间的联系即整体服务流程如图 6-2所示。

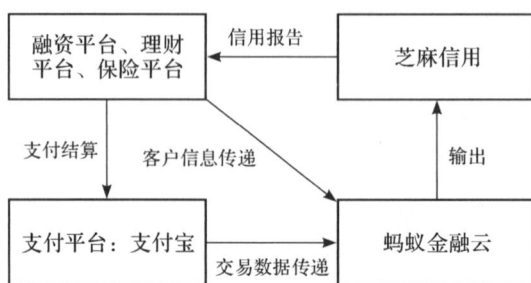

图 6-2　蚂蚁金服整体服务流程

蚂蚁金服以数字技术驱动普惠金融服务,坚持以数据、技术为驱动,探索DT 时代下的数字普惠金融新模式,显著提高了效率,降低了成本,初步解决了服务小微企业和普通消费者遇到的商业不可持续的难题,推动了普惠金融的全球实践。蚂蚁金服跨界普惠服务模式的核心是服务好每一个普通人,低门槛、随手可及,安全、可信赖,且是可负担、经济的。这一模式以科技创新为基础,跨界进入金融服务业,建立了以蚂蚁金服自身为主,一众专业金融公司为辅的 2C 领导型跨界服务模式,同时推动信用体系建设,提高安全能力。蚂蚁金服的跨界普惠服务模式的总结见表 6-2。

表 6-2　蚂蚁金服跨界普惠服务模式小结

模式信息	模式要素	要素具体内容	说明
互联网金融领域的跨界普惠服务模式，服务提供者是蚂蚁金服和金融产品提供商，与客户——个人和小微企业为企业—用户关系	参与者	蚂蚁金服	
		金融产品供应商	
		个人、小微企业	
	目标	全方位普惠金融服务	目标拥有者为蚂蚁金服
		占据互联网金融领域主导地位	目标拥有者为蚂蚁金服
		销售自己的基金、理财、保险等服务	目标拥有者为金融产品供应商
		获得便捷、安全的互联网金融服务	目标拥有者为个人和小微企业
	过程	蚂蚁金服提出企业的价值主张：向个人和小微企业提供更便捷的互联网金融服务	影响：吸引传统金融服务难以覆盖的长尾客户
		蚂蚁金服使用大数据、云计算、人工智能等技术不断实现商业模式创新，提供网商银行、相互宝等新服务	影响：建立开放、共享的信用体系和金融服务平台
		在与客户、合作者、竞争者的不断互动中，完善金融服务体系	影响：在互联网金融领域确立主导地位，建立良性价值，共创共享生态圈
	载体/资源	蚂蚁金服的各类金融服务产品	
		蚂蚁金服的服务平台	
	质量/价值	互联网金融服务体验	服务质量
		金融产品供应商的利润	金融产品供应商获得货币价值
		蚂蚁金服获得的数据	蚂蚁金服获得使用价值
		蚂蚁金服获得的融资和盈利	蚂蚁金服获得货币价值
		蚂蚁金服拓展的市场份额	蚂蚁金服的感知价值

6.2 猪八戒网:人力资源外包服务中的跨界众包服务模式

6.2.1 企业简介及 2B 项目型跨界服务战略意图

猪八戒网由朱明跃创立于 2006 年。初创时期,猪八戒网只是为中小微企业提供单一的商标设计服务,十多年后已成长为我国最大的服务众包平台。依托于自身的数据积累和产品积累,猪八戒网最先从做企业商标设计切入,发展至今已经包括了从海量创意服务平台到一站式的企业外包服务平台,再到企业相关衍生服务,包括商标注册版权维护、宣传品印刷制作、创业孵化助推器、兼职人员招聘平台及生活服务类平台等。

猪八戒网的使命是:"让天下获得满意服务,让员工获得满意人生。"目前,平台聚集了 1400 万专业人才,为全球 1000 余万家企业提供 1000 余种企业服务。2018 年,猪八戒网成功入围"2018 企业服务产业独角兽榜",被组委会评选为"硬独角兽"。

猪八戒网的跨界服务模式主要表现为 2B 项目型服务模式,它明显以完成某个具体的企业服务项目为主导,以大数据为基础进行撮合匹配,从众多潜在服务提供商中选择最优的解决方案。猪八戒网可通过企业合作加强大数据运用能力,对客户拥有更深入、全面的了解,及时洞悉其服务需求,把握企业动态,逐渐将服务扩大为涵盖企业全生命周期的服务模式,围绕企业服务交易打造平台型生态系统。

6.2.2 价值主张

起步阶段。创办于 2006 年的猪八戒网,源于朱明跃的一个点子。当时,电商平台在国内蓬勃发展,实物交易催生出很多好生意。朱明跃则思考,创新创意这种非实物类但却同样有市场需求的东西能否也通过互联网去交易?洞察到了这样的需求后,朱明跃发现社会创意服务的买卖双方需要有一个平台来撮合。猪八戒网以此为切入点,定位为服务型交易平台。威客①模式的

---

① 威客(Witkey)是指那些通过互联网把自己的智慧、知识、能力、经验转换成实际收益的人。

猪八戒网得到央视报道,这间接地帮助该平台获得伯恩集团 500 万元人民币的天使投资。

1. 成长阶段

随着平台的发展壮大,猪八戒网的渗透力和影响力越来越大。猪八戒网这个在创业初期以商标设计这一细分市场切入的平台,此时开始将服务延伸至财税、印刷、金融、知识产权、家装、工装、工程建筑设计等领域。这个阶段,猪八戒网从"专业的人做专业的事"和"让天下人享受诚信"出发,通过整合专业威客,为企业和个人提供更具个性化和专业化的服务,凭借高回报充分激发了威客的活力,借助高质量大大满足了客户的需求。

2. 扩张和转型阶段

猪八戒网开始布局线上线下的全生命周期的服务生态,从单纯线上跨界到线下服务业,致力于发掘地区服务经济发展潜力,找到地区服务产业升级"密匙",这也反过来加速了平台服务交易的发展。同时,猪八戒网对自身的定位从一个单纯的服务撮合平台跨界升级到人才共享平台和产业孵化平台,2016 年已经在全国 23 个省落地实体孵化器园区。2017 年,猪八戒网还进行拆分,原来的猪八戒网做万能服务平台,同时推出天蓬网,专注做中高端大型企业服务和高端人才配对。服务产品从单一的商标设计向更深层次、更高端的企业服务延伸,真正向企业提供全生命周期服务,这既是猪八戒网转型升级的要求,也是社会经济环境下企业发展的普遍需求。

6.2.3　价值创造

1. 起步阶段

在起步阶段,猪八戒网采用了比稿模式,即针对雇主的需求提出悬赏,发包方在发布需求时,先将赏金完全托管到猪八戒网上,再从服务商提交的稿件中选取自己满意的交易模式。对此,猪八戒网会收取赏金的 20% 作为服务费。这种模式能最大限度地保证雇主获得满意的方案,但提供的解决方案往往多于雇主的需求量,造成了极大的资源浪费,没被选中的服务商付出了成本,但没有获得回报。同时,随着需求种类的增多,采用比稿模式时一些复杂的悬赏无法满足雇主的需求。猪八戒网认为,这一阶段的关键在于垄断买家流量,即尽可能地吸引更多企业通过平台购买服务,通过买方拉动卖方,实现买方主导下的动态平衡。为此,猪八戒网致力于降低买家门槛、优化买家体验,成立专门的交易顾问团队,建立买卖双方沟通的平台规则,协调买卖双方的不同诉求,为买家提供全流程 24 小时服务。

2. 成长阶段

此时,起步阶段的比稿模式已不适用于发展得越来越大的猪八戒网的现状。因此,猪八戒网开始推出招标模式、店铺模式和撮合匹配机制。

招标模式是指发包方发布需求时,先将诚意金托管到猪八戒网上,再由众多服务商进行抢标,最后由买家确认一位服务商来完成自己需求的交易模式。在该模式下雇主发布任务,服务商提供完成任务的初步步骤及资质来抢单投标,雇主进行选标,中标的服务商分阶段提交方案,雇主则分阶段付款。然而在招标模式下,猪八戒网主要依靠抽取 20% 佣金来盈利,很多用户无法接受。

2012 年年底,猪八戒网开始尝试推出店铺模式。猪八戒网经过半年的探索后,实施定时完成雇主的任务,否则全额退款的规则,渐渐地打消了雇主的顾虑。2013 年,在店铺模式下,入驻猪八戒网的服务商的年交易额几乎翻了一倍,猪八戒网的名声也越来越响亮。

由于很多订单无法得到满足,猪八戒网开始设计合理的撮合匹配机制:一是吸引优质服务商入驻平台,加强对服务商的管理;二是猪八戒网开始对网站上的需求进行行业细分,针对不同的行业派生出行业特定的交易顾问;三是通过信誉等级、"服务宝"等产品来减少不确定性,获取雇主信任。撮合匹配的出现,大大提高了需求满足率。

猪八戒网的主要运营过程如图 6-3 所示。

3. 扩张和转型阶段

在宣布获得 26 亿元融资的当天,猪八戒网宣布即日起不再收取基于平台上的服务交易佣金。经过多年的积累和探索后,猪八戒网形成了最新的被称为"数据海洋与钻井平台"的商业模式。所谓"数据海洋+钻井平台",即通常所讲的大数据挖掘,就平台层面来讲是指通过搜集数据、洞察数据、应用数据来提升匹配精度、延伸服务范围、驱动服务交易的行为。通过原始的服务项目交易,获得海量的用户数据和作品数据,然后通过平台整体升级,把服务交易规模做大,猪八戒网只需要寻找到产业链上的合作伙伴,众创掘金。

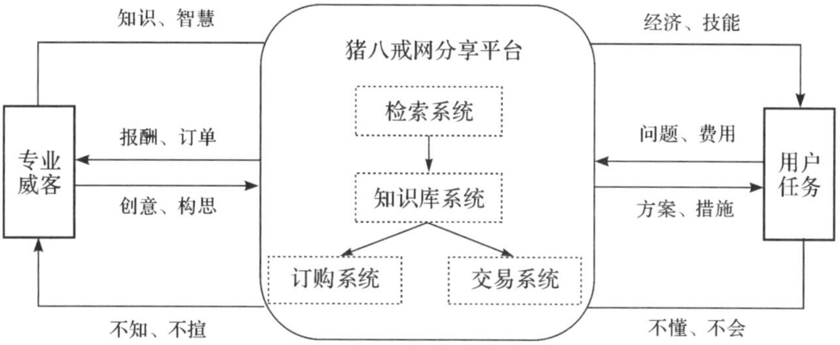

图 6-3　猪八戒网运营过程

　　这个模式的核心在于,从小微企业客户中发掘二次服务的空间。目前猪八戒网平台上聚集了 300 万家微型企业和 1400 万个创意设计、营销策划、技术开发等文化创意服务人才,后者中不少也已孵化成为创意类公司。这些用户数据就是一个富含宝藏的海洋,而通过挖掘分析小微企业的实际需求,猪八戒网就能在产业链中找到切入点,搭建"钻井平台"获得"石油"。基于大数据能力,猪八戒网一方面通过规模效应逐步降低平台佣金,从供给端整合专业威客提供知识、经验、技能;另一方面通过专业化、定制化的优质服务从需求端开拓消费者市场,使企业获得了持续发展的市场竞争优势。该模式结构如图 6-4 所示。

图 6-4　猪八戒的"数据海洋＋钻井平台"商业模式

6.2.4　价值获取

1.起步阶段和成长阶段

从每次交易中抽取中介服务费用是目前大部分威客服务商的利润收入。此阶段猪八戒网的任务酬金分配原则：中标会员获得任务酬金的80%；任务酬金剩余的20%将作为猪八戒网的中介服务费。此外，猪八戒网要求需求方发布任务后就将任务酬金全款打到"诚付宝"账户中。虽然单项任务的酬金金额不多，但是猪八戒网每天的交易量较大，这些酬金累加起来也是笔不小的金额，其所得的利息就可成为网站的利润收入。除此之外，在任务发布后，猪八戒网是不会将酬金退还需求方的，这就保证了威客的利益，同时也是网站收入稳定的保障。

2.扩张和转型阶段

猪八戒网推行"零佣金制"，将网站的盈利模式彻底转型为"大数据＋平台服务"。猪八戒网实行免佣金政策，保护和激发平台流量，沉淀数据，增强核心竞争力。通过对企业和用户端习惯数据的深度挖掘，发现用户的潜在需求，将共性需求集成，实现产品和服务的不断创新。随着平台服务从单一的商标设计跨界到全方位的知识产权、金融、工程等综合性服务交易，从垂直和纵深领域增加用户价值刚性，提高用户忠诚度和平台吸引力，逐渐形成良性循环。在这一价值获取过程中，猪八戒网逐渐摆脱传统佣金模式的束缚，实现平台盈利模式升级，更多依靠数据分析、延伸服务获取收入，会员费、广告费成为主要盈利点。

同时，猪八戒网也从单纯线上跨界到线下服务，通过在各省区市建立产业孵化园区等措施获取外界投资，如重庆市政府也参与了2015年对猪八戒网的C轮融资。专注于"中国科技产业化"的赛伯乐公司对猪八戒网投资了16亿元。

6.2.5　小结

借助"双创"的东风，猪八戒网从草根创业企业成长为我国最大的服务众包平台。在业务范围上，猪八戒网从单一的商标设计在线悬赏跨界到金融、工程、财税、知识产权等全方位的企业服务，并已经建立了八戒文旅、八戒游戏、八戒严选等版块，为不同领域的企业提供一站式解决方案。在服务对象上,猪八戒网从主要服务中小微企业扩展到涵盖 B 端大企业和政府。在经营方式上,从单纯线上跨界到线上线下服务相结合,公司运用人工智能、区块链、云和大数据智能化等技术构建了立体式平台,对海量企业和人才进行撮合匹配连接,将线上平台与线下创业园区等结合,成为一个超级孵化器,优化社会资源市场化配置,助推创业创新升级,致力于打造线上线下结合的全生命周期的服务生态。猪八戒网跨界众包服务模式的小结见表 6-3。

表 6-3　猪八戒网跨界众包服务模式小结

模式信息	模式要素	要素具体内容	说明
互联网服务业的跨界众包服务模式,服务提供者是猪八戒网和众多专业人才(威客),与客户—各类企业为平台双边关系	参与者	猪八戒网	
		众多专业人才(威客)	
		各类雇主(企业、个人)	
	目标	一站式全生命周期企业服务	目标拥有者为猪八戒网
		占据服务平台领域主导地位	目标拥有者为猪八戒网
		把自己的智慧、知识、能力、经验转换成实际收益	目标拥有者为众多专业人才(威客)
		解决创业、运营、生活中遇到的各种专业问题	目标拥有者为各类雇主(企业、个人)
	过程	猪八戒网搭建平台,汇聚对非标准化服务有需求的买家和有专业知识的人才	影响:将创意、智慧、技能转化为商业价值和社会价值
		推行"零佣金制",从单一的 LOGO 设计跨界到全方位的知识产权、金融、工程等综合性服务交易	影响:整合专业威客,为企业和个人提供更具个性化和专业化的服务
		线上"卖场+SaaS"灵活用工模式与线下八戒工场、八戒科创园相结合,打造科技驱动的企业灵活用工平台	影响:打造线上线下结合的全生命周期的服务生态,助推实体经济
	载体/资源	猪八戒网平台上的各类服务	
		猪八戒网、企业版等平台	
	质量/价值	雇主们获得个性化、专业化服务解决方案	服务质量
		威客们用知识换取经济价值	威客获得货币价值
		猪八戒网获得海量数据	猪八戒网获得使用价值
		猪八戒网获得的融资和盈利	猪八戒网获得货币价值
		猪八戒网拓展的市场份额	猪八戒网的感知价值

第7章 新型生活性服务活动中的跨界服务模式典型案例

近年来,我国服务业发展取得了显著成效,成为国民经济和吸纳就业的第一大产业。生活性服务业领域宽、范围广,涉及人民群众生活的方方面面,与经济社会发展密切相关。加快发展生活性服务业是推动经济增长动力转换的重要途径。新型生活性服务跨界模式旨在积极培育生活性服务的新业态、新模式,运用互联网、大数据、云计算等推动业态创新、管理创新和服务创新,全面提升生活性服务业质量和效益。

7.1 迪安诊断:医学检验中的跨界外包服务模式

7.1.1 公司简介及 2B 模块型跨界服务战略意图

起步于 1996 年的迪安诊断是一家以提供诊断服务外包为核心业务的独立第三方医学诊断服务机构。最初的迪安只是一个医疗试剂的代理商,通过为医院提供质谱试剂和 PCR(polymerase chain reaction,聚合酶链反应)试剂等产品为生。开始的时候生意顺风顺水,短短两年时间内,与迪安诊断建立合作关系的医院就达到了 40 多家。然而当时 PCR 试剂市场十分不规范,临床事故频发,为了治理乱象,国家不得不暂停了 PCR 检测技术的使用。这一纸禁令无疑给迪安诊断带来了巨大的打击,逼迫其转型。

为了走出困境,创始人陈海斌动起了做自己的产品和服务的心思。他主动采取差异化战略,依靠销售 PCR 试剂积累的客户资源,迪安诊断逐渐形成了一种独具特色的"服务＋产品"业务模式:一方面,迪安诊断通过和瑞士罗氏集团合作,为医院提供专业的医疗诊断产品;另一方面,迪安诊断在产品的基础上开发服务业务,不仅为医疗机构提供全面、系统的售后服务方案和完善的预防性保养计划,还能提供医学诊断外包服务。2001 年,浙江迪安诊断技术股份有限公司(简称"迪安诊断")于杭州成立。公司坚持"服务＋产品"一体化营销,形成了在体外诊断领域完善的一体化服务体系。随着精准诊断技术不断取得突破,近几年国内精准医疗产业以井喷之势发展。通过不断快速复制扩张,迪安诊断成为国内最大的连锁医学实验室之一,为各级医疗卫生机构等提供精准、及时的医学诊断外包服务以及科研外包服务,大大提升了竞争力。2011 年 7 月,迪安诊断登陆中国创业板,成为中国医学诊断外包服务行业第一股。2018 年,迪安诊断营业收入达 69.67 亿元,年均复合增长率达 45.70％,实现了长达 8 年的持续高速增长(见图 7-1)。

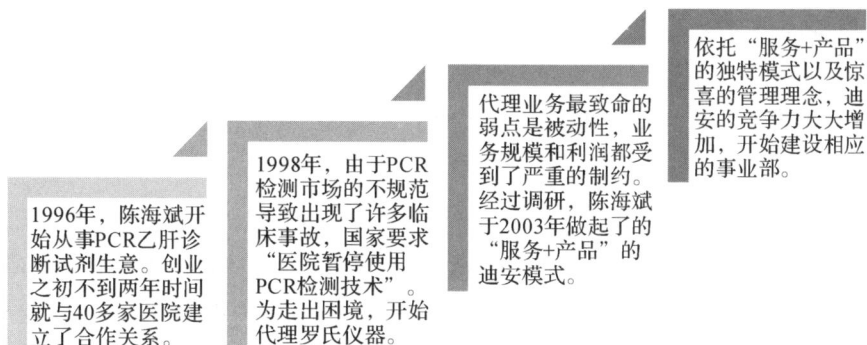

1996年,陈海斌开始从事PCR乙肝诊断试剂生意。创业之初不到两年时间就与40多家医院建立了合作关系。

1998年,由于PCR检测市场的不规范导致出现了许多临床事故,国家要求"医院暂停使用PCR检测技术"。为走出困境,开始代理罗氏仪器。

代理业务最致命的弱点是被动性,业务规模和利润都受到了严重的制约。经过调研,陈海斌于2003年做起了的"服务+产品"的迪安模式。

依托"服务+产品"的独特模式以及惊喜的管理理念,迪安的竞争力大大增加,开始建设相应的事业部。

图 7-1　迪安诊断的发展历程

迪安诊断由于采用模块型跨界服务方式,成立伊始便十分重视上下游产业链上不同模块的打通与整合。在上游,迪安诊断相继收购了北京执信、金华福瑞达、杭州德格、新疆元鼎、云南盛时科华、内蒙古丰信医疗、陕西凯弘达以及深圳一通等多家体外诊断行业的龙头代理商。在下游,迪安诊断在整合上游资源的同时借此打通当地医院的体检科渠道,实现省内各级医院的渠道布局。迪安诊断曾表示,在现阶段,公立医院是中国医疗资源集中之地,政府积极通过新医改来缓解"看病难、看病贵"的问题,为群众提供安全、有效、方便、价廉的医疗卫生服务。在这个过程中,第三方医学诊断行业必将扮演重要的角色。因此,未来 3～5 年公司将以打造"医学诊断整体化服务提供商"为总体战略目标,充分发挥诊断外包服务、传统代理业务、合作共建业务的联动效应,在技术方面全力打造两大技术平台,聚焦重点学科领域,力争成为医学诊断行业的领导者。

7.1.2　价值主张

2016年12月27日,国务院印发《"十三五"深化医药卫生体制改革规划》,要求在"十三五"期间,实现国内分级诊疗、现代医院管理、全民医保、药品供应保障以及综合监管等5项制度上的新突破。分级诊疗改革是医改的重中之重。大型公立医院人满为患,医疗资源严重不足,而基层医疗机构却不能得到充分利用,这不仅影响了医疗服务体系的整体效益,也推高了医疗费用,加重了患者负担和医保资金的支付压力,使得医疗改革一直在"深水区"徘徊。

由于经费和收入等各方原因,大型公立医院虽有能力出资购买昂贵的医疗设备,但患者数量之大使得大型公立医院无法腾出空余的人力和时间来完成检验业务;而中小医院虽有人力承担检验工作却没有资金承担高成本设备,租用大型医院的设备也并非长久之计。因此,稳定且高效的医学诊断成为迪安诊断的主要业务。

简而言之,迪安诊断的价值主张就是通过诊断外包的形式为医院提供成本低廉、安全可靠的样本化验,间接减轻患者负担,并增强患者对医院的黏性。迪安以打造"医学诊断整体化服务提供商"为总体战略目标,重点推进与医院合作共建检验科、精准诊断中心等,利用迪安诊断独特的"服务+产品"双轮驱动的优势,为医院提供管理、技术、人员等全方位的服务,进一步搭建医学诊断整体化服务平台,实现产业链整合式发展。

7.1.3　价值创造

目前,迪安诊断的"服务+产品"模式的主要优势在于连锁化的规模优势、配送的专业优势、采购的集约优势以及技术研发的前沿优势。

在实验室方面,迪安诊断建立了39家连锁化的独立医学实验室,并获得了ISO 15189、CAP的实验室认证资质,拥有亚洲面积最大、项目最全的独立实验室,可提供2000余项医学检测项目,每日接受样本量超10万个、检测量可达30万项次,已服务检测人数超2亿次,为全国18000多家医疗机构提供精准的诊断服务,拥有丰富的生物样本资源库和医疗信息大数据。其医学诊断优势学科主要在于妇幼遗传学科、感染学科、慢病体检学科、肿瘤学科、病理学科。

在物流方面,迪安诊断拥有近千人的专业生物样本冷链物流服务队伍与完善的冷链物流服务体系,负责标本质量审核、标本收取及转运、报告单发送等职责,建立了20多项GSP(药品经营质量管理规范)专业冷链物流管理体系和智慧物联网平台,以全国各个一、二级中心,快速反应中心为据点,搭建了完善的省际、城际物流干线和地区支线,能快速调整路线,针对客户需求灵活提供最优、最快的服务。已服务于全国1万多家医疗机构客户,物流网络涉及全国31个省区市,在血样的专业医学接收、全程冷链质量时限的风险控制上,均处于行业领先地位,可迅速响应标本接收与检测服务,做到常规项目检测一般次日早上8点可出报告。

在产品方面,作为医疗临床检验仪器及配套试剂的供应商,迪安诊断拥有德国罗氏诊断、法国生物梅里埃和赛比亚、日本希森美康、美国强生等国际体外诊断产品生产领域领军企业的产品代理权,并与之建立了稳定的合作伙伴关系。目前产品年销售规模超5亿元,可提供7000个品种以上的产品,年增长超过30%,涉及检验科内的全线产品,为全国超过300多家客户提供产品销售业务。公司拥有近2000平方米的专业仓库、超过30人的专业供应链执行团队,专用配送车辆达到10辆。同时,公司还拥有先进的供应链操作系统,在保证产品质量的同时提高服务满意度,更好地满足客户的个性化需求。

在科研方面,迪安诊断的研发中心以分子诊断技术为重点研究方向,在诊断试剂领域进行自主技术创新,引进和消化吸收国外先进技术及应用,拥有由硕士、博士及国内外医学诊断领域顶尖学者组成的专家团队,先后承担了各级科技计划项目,转化成果十多项并得到成功应用。为了让更多的高新技术及研究成果迅速转化,迪安诊断成立了杭州迪安生物科技有限公司(简称"迪安生物"),主要从事体外诊断试剂的研究、开发和生产,业务技术平台有微生物快速诊断检测平台、荧光定量PCR技术平台、细胞病理平台。产品开发方面主要有借助微生物快速诊断技术平台开发微生物快速鉴定、抗生素耐药检测试剂,借助于荧光定量PCR技术平台开发(HPV、HBV、HCV、结核)感染疾病快速鉴定及耐药诊断试剂,借助细胞病理平台开发液基细胞检测产品,包括膜式法TCT、离心法TCT、沉降法TCT诊断试剂及制片设备。目前迪安生物已经建成3000平方米的体外诊断试剂生产车间及质检中心、300多平方米的仓储中心,作为迪安生物的生产基地,依托母公司浙江迪安诊断技术股份有限公司覆盖全国 39 家检验中心,辐射迪安诊断的临床医院。

7.1.4　价值获取

从本质来说,迪安诊断其实是提出了一个差异化竞争战略。由于医疗行业中精细的服务流程管理至关重要,迪安诊断很早就意识到医疗服务的重要性,采用"服务+产品"的商业模式,利用精细的管理理念提升了迪安诊断的竞争力。简而言之就是迪安诊断通过涉足诊断服务外包业务,拓展了之前单一的产品销售盈利模式,通过双线业务增加了客户黏性。

在产品方面,迪安诊断拥有 20 多年的行业经验,对市场中不同医院的需求有着深刻的理解,因此将现有业务根据客户的不同分为两种销售策略。第一种是对于大型公立医院采取"单纯销售"的模式,也就是说,迪安直接向资金充足的医院销售自己所代理的罗氏等企业先进的医疗设备,通过赚取进销差来实现盈利。第二种是对于小型医院或私立医院采用"联动销售"模式。针对小型医院相较于大型医院的能力缺陷,迪安愿意免费供应大型医疗检测设备,但后续的检测试剂及技术服务必须由迪安诊断提供,并且在合约中明确规定检测试剂和耗材的定期采购额度,对于技术服务迪安则按分成收取服务费用。免费租赁给医院的检测设备,一部分是迪安从上游供应商购买的产品,另一部分是直接由上游供应商出租,迪安收取中间商服务费。迪安的这种产品销售模式一方面能发挥自己与国际领先医疗设备品牌罗氏仪器、强生等具有长期合作关系的品牌优势,另一方面多样化的盈利模式有效地满足了医疗检测设备各细分市场的需求,为其诊断外包服务的开发奠定了客户基础。

在服务方面,迪安诊断的诊断外包服务主要按一定比例从医院的检验收费标准中抽取服务费用。首先,经过精细化管理,迪安诊断已经形成了一套全流程的精细化服务体系。依托其 GSP 专业冷链物流管理体系和物联网平台,迪安诊断能够迅速响应点对点的标本接收与检测服务,全程冷链运输在提升速度的基础上还能够防止运输过程中检测样本的质量损耗。其次,与众多大小医院保持深入合作关系的迪安诊断能够实现医学诊断服务的批量经济,降低诊断成本,在同行业中具有领先的成本优势。第三,迪安诊断所代理的国外领先医疗设备品牌产品能够与其外包服务产生协同效应,一方面能从上游供应商中取得更低的设备价格,使其诊断外包服务更具成本优势,另一方面全球领先的检测仪器能够提高其医学诊断的精准度,提高其服务质量。

7.1.5　小结

迪安诊断首创"服务＋产品"一体化商业模式,历经进化的渠道代理业务、诊断外包服务两个阶段,并向第三个阶段——合作共建模式转型,已实现"中心实验室、区域检验中心、合作共建实验室"三级联动,真正提供第三方医学诊断整体解决方案(见图 7-2)。

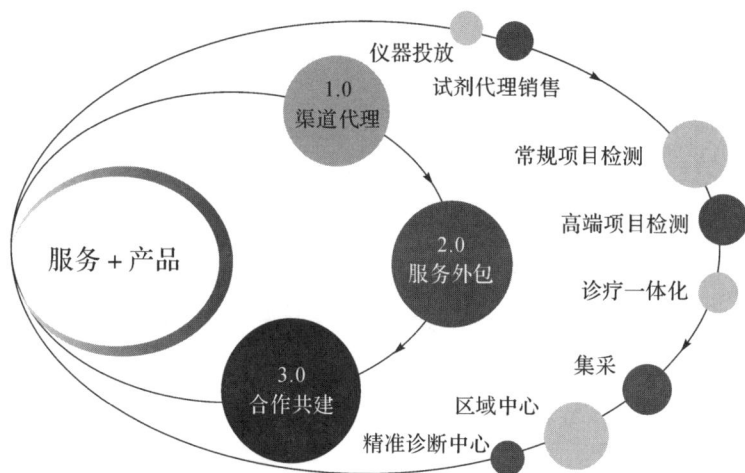

图 7-2　"服务＋产品"模式的发展阶段

迪安的这种"服务＋产品"的商业模式中主要涉及了上游供应商、物流服务体系以及医疗合作伙伴几方跨界服务参与者。传统的医学检验服务都是在医院内部消化的,这种服务方式在老龄化逐渐严重的中国对医院的检测能力带来了日益严峻的挑战。迪安诊断的外包模式之前饱受质疑,因为很多人都认为来回运输以及非医疗人员所进行的医学诊断让人难以信任。但通过构建强有力的冷链物流体系和各学科的科研平台,如质谱技术平台、NGS(二代测序)平台、生化免疫技术平台、肿瘤精准诊断实验室等,迪安诊断用实际行动消除了人们的疑虑,成功成为国内率先上市的第三方医学诊断机构(见表 7-1)。

表 7-1 迪安诊断跨界外包服务模式小结

模式信息	模式要素	要素具体内容	说明
迪安诊断的跨界外包服务模式,服务提供者是迪安诊断、冷链物流体系、检测设备供应商、医院	参与者	迪安诊断	
		冷链物流体系	
		医院	
		检测设备供应商	
	目标	降低医院检测服务压力,完成医学检测服务	目标拥有者为迪安诊断、医院
		实现盈利、完成运输	目标拥有者为冷链物流体系
		实现盈利	目标拥有若为检测设备供应商
	过程	患者付款(资金流),医院提取到患者检测样本(资源流)	影响:1.患者资金减少;2.医院资金增加,检测服务开始
		医院检验科汇总样本后联系迪安诊断运营部门(信息流),迪安诊断运营部门安排冷链物流运输样本(资源流)	影响:1.运输成本生成;2.迪安订单信息生成
		迪安将诊断结果进行汇总,由运输部门运送至医院(信息流),医院按合约支付诊断费用或耗材费用(资金流)	影响:1.医院资金减少;2.订单完成;3.迪安诊断资金增加;4.上游供应商资金增加
	载体/资源	冷链物流的运输工具、人力资源	
		患者样本	
		迪安的人力资源	
		诊断报告	
		医院的人力资源	
	质量/价值	患者诊断的结果	服务质量
		医院服务压力减小,盈利增加	医院的价值
		迪安诊断获得利润	迪安诊断的价值
		检测设备供应商获得利润	检测设备供应商的价值
		患者得到诊断结果	患者的价值

7.2　饿了么与滴滴出行:新型外卖送餐服务中的跨界拼单服务模式

7.2.1　公司型简介与 2C 关系型跨界服务战略意图

1.饿了么公司简介

"饿了么"是 2008 年创立的本地生活平台,主营在线外卖、新零售、即时配送和餐饮供应链等业务。创业 10 年,饿了么以"Make Everything 30min"为使命,致力于用科技打造本地生活服务平台,推动了中国餐饮行业的数字化进程,将外卖培养成中国人继做饭、堂食后的第三种常规就餐方式。截至目前,饿了么在线外卖平台覆盖全国 670 个城市和逾千个县,在线餐厅 340 万家,用户量达 2.6 亿,旗下"蜂鸟"即时配送平台的注册配送员达 300 万人。在业绩持续高速增长的同时,公司员工也超过 15000 人。2018 年 4 月,阿里巴巴联合蚂蚁金服对饿了么完成全资收购,饿了么全面汇入阿里巴巴推进的新零售战略,拓展本地生活服务新零售的全新升级。

2018 年,自饿了么提出品牌升级,向用户提供更高品质、更全品类的本地生活即时配送服务以来,饿了么的新媒体营销模式和传播方式也在不断升级更新。饿了么开始频频跨界合作,突破传统定位,力求创新。在半年时间里,饿了么热衷于各类跨界合作活动,从动漫 IP 到快餐行业,从电商平台到服饰品牌,每一次跨界都创意十足,突破了跨界合作的传统模式。与《全职高手》合作打破次元壁,与 HOWL 合作出品"可以吃的时尚",与《狼人杀》合作开启主题快闪店,饿了么力求将 A+B 变成 A×B、A^B 等,充分利用品牌特性,实现效果最优化。互联网公司出身的饿了么利用其大数据平台和其他技术,使其营销活动更具趣味性和互动性,也有利于自身从"送外卖"这样扁平的固化形象向立体化、智能化转变。例如,饿了么在与 HOWL 的联名合作中结合了平台的美食大数据,在不经意间秀了一把;饿了么的送餐无人机正式投入商业运营更是给品牌赚足了眼球,这也是"未来物流"战略落地过程中迈出的重要一步;而牵手阿里体系,加入新零售矩阵,饿了么将变得更加成熟,迎来新的转型升级阶段。

2.滴滴出行公司简介

滴滴出行是一家一站式移动出行平台,在亚洲、拉美和澳洲为5.5亿用户提供出租车、快车、专车、豪华车、公交车、代驾、共享单车、共享电单车、汽车服务、外卖等多元化的出行和运输服务。在滴滴平台上,有数千万的车主及司机获得灵活的工作和收入机会,年运送乘客超过100亿人次。滴滴出行致力于与监管部门、出租车行业、汽车产业等伙伴积极协作,以人工智能技术推动智慧交通创新,解决全球交通、环保和就业挑战。滴滴出行持续致力于提升用户体验,创造社会价值,建设安全、开放、可持续的未来移动出行新生态。滴滴出行的愿景是成为引领汽车和交通行业变革的世界级科技公司,成为全球最大的一站式出行平台,成为全球最大汽车运营商,成为全球智能交通技术的引领者。滴滴出行的使命是让出行更美好。表7-2列出了滴滴出行公司的融资历史。

表7-2　滴滴出行公司融资历史

融资时间	融资轮次	融资金额	投资方
2012年7月	天使轮	数百万元	王刚
2012年12月	A轮	300万美元	金沙江创投
2013年4月	B轮	1500万美元	经纬中国、腾讯
2014年1月	C轮	1亿美元	腾讯、中信产业基金
2014年12月	D轮	7亿美元	DST、Temasek（淡马锡）、腾讯、H capital
2015年5月	E轮	1.42亿美元	新浪微博基金
2015年7月	F轮(上市前)	30亿美元	H capital、Temasek、腾讯、阿里巴巴、平安创新投资基金、中投公司、Coatue Management
2016年2月	F轮(上市前)	10亿美元	北汽产业投资基金、中投公司、中金甲子、中信资本、赛领资本、鼎晖资本、春华资本、民航股权投资基金、四维图新等
2016年5月	战略投资	10亿美元	Apple(苹果)
2016年6月	战略投资	6亿美元	中国人寿
2016年6月	F轮(上市前)	45亿美元	中国人寿、Apple、蚂蚁金服、腾讯、招商银行、软银中国

融资时间	融资轮次	融资金额	投资方
2016 年 8 月	战略投资	亿以上美元	中国邮政
2016 年 9 月	战略投资	2 亿美元	富士康
2016 年 12 月	F 轮(上市前)	数千万美元	律格资本
2017 年 4 月	F 轮(上市前)	55 亿美元	招商银行、软银中国、高达投资、银湖投资、中俄投资基金、交通银行
2017 年 12 月	战略投资	40 亿美元	软银中国、阿布扎比慕巴达拉公司

7.2.2　价值主张

饿了么与滴滴出行的合作,是典型的延伸服务场景式的联合。合作后,双方资源互补,饿了么的服务得以从多角度延伸。例如,滴滴出行服务于人们的出行,其服务对象同样精准锁定移动网络用户＋上班族,而这一人群,大部分也正是饿了么锁定的用户。当用户精准匹配后,滴滴出行就成为饿了么的配送力的延伸,滴滴出行的四轮汽车工具与饿了么的两轮或者三轮工具,形成了"2＋4"的从运送半径到送达目的地的完美匹配。双方将携手共同搭建中国最大的同城配送体系。

对于滴滴出行而言,出行市场和生活类配送市场有着天然的契合性,Uber 也在美国进行过这样的尝试;对于饿了么来说,美团与大众点评的合并令其倍感焦虑。饿了么要想独立发展,除了要解决融资难题之外,最为棘手的还是配送环节。如何解决配送问题,甚至从欧美国家的同类模式中也不能寻找到一个最终的稳定形态,现存的方法都是阶段性的,都可能发生变动。通过简单设想就可以想象到其中的难度,比如在一个区域,餐饮高峰时段需要 10 位配送员,那么在每天 11—13 点,17—19 点两个时段过去后,这 10 位配送员会处于闲置状态,造成资源的巨大浪费。

解决的途径有两种:一种是迎难而上建立自己的团队,然后通过扩充业务链条,加入餐饮以外的业务形态以充分利用团队,或者将配送团队的时段分批外包,而目前各大餐饮 O2O 开始扩充的超商线和医药线就有此意。另一种是共享他人的资源,包括目前饿了么和百度正在"收编"或与各个区域小而散的物流团队合作的做法。如果说饿了么牵手滴滴出行是在资本层面以外的业务层面的合作,那么该合作就属于第二种模式:利用滴滴空闲的社会运力空间完成配送。如果将视野拉开就会发现,在整个物流行业中,通过利用社会空闲运力资源的有效调配降低物流成本这一设想正在逐步尝试中,包括人人快递、京东、菜鸟等多个公司都在同城领域开始进行这种业务。

滴滴出行是否有这种运力空间呢?答案是有的。而且目前在一些城市,滴滴司机已经开始自发地进行类似的货运业务。据一些滴滴司机介绍,他们同时也在进行一些同城货物的配送,并建立了一个微信群,上面有一些B端客户(指商户),他们的需求比较稳定,很多司机都正在尝试拓展这一业务。更为重要的是,滴滴出行有足够的调度能力。经过数年发展的滴滴平台,已经能够及时地处理大规模的数据,并根据反馈信息进行整体调度和调控,而这则是高频率、短距离、时效高的O2O配送环节中最需要的能力。

在公布这次入股的同时,双方还公布了合力搭建一个"4轮＋2轮"同城配送体系的计划,这也证明了未来双方在运力空间方面进行资源整合的可能。按照国家对于餐饮业的相关规定和目前在配送领域的实践,滴滴出行方面更有可能在非餐饮领域的同配干线领域发挥作用,而饿了么还将继续在最终的配送入户的环节进行建设和发力。

7.2.3 价值创造

出行和外卖是O2O的两大高频应用领域,滴滴出行的主要业务在人的出行,侧翼是物的运送,饿了么的主要业务是在线外卖交易,物流配送作为基础工程,则是其重要的侧翼。双方资源互补,将增强彼此的业务侧翼。

一方面,外卖为滴滴出行拓展人以外的运输场景,丰富出行生态;另一方面,汽车运输也成为饿了么即时配送体系的重要补充,搭建两轮电动车加四轮汽车的"2＋4"同城配送网络。目前,饿了么的物流体系主要从事3公里半径内的配送,滴滴出行的汽车运力的加入,能延长现有的配送半径,实现全城覆盖,让更多用户品尝到饿了么优质商户的美食,并提高商户单量。

此外,借助汽车运量较大的优势,大宗商品如团餐、批发食材、餐厨用品等也将能快速送达用户和商户。接入汽车运力后,饿了么食材供应链平台——"有菜"的配送将有望实现半日达,显著优化商户的采购体验。

滴滴出行正式升级为一站式移动出行平台后,已在构建出行领域的生态系统。与饿了么的合作,则是滴滴出行进军物的同城运输领域、完善出行生态的一步。饿了么的外卖流量,有望提升滴滴车辆的使用效率和司机收入,在乘客出行的场景中加入饿了么的美食。

7.2.4 价值获取

滴滴与饿了么合作,可以获利于饿了么的丰沛流量。据易观 8 月外卖市场报告,白领市场在整个外卖市场占比高达 8 成,正逐渐成为外卖 O2O 的主要消费人群。其中饿了么又以最高份额持续领跑,流量优势十分明显。通过配送饿了么的订单,滴滴出行一方面能有效提高车辆使用率,提升单量和扩大服务范围;另一方面也为司机带来更多收入,增强司机黏性。

对饿了么来说,电动车加汽车的"2+4"同城配送体系,将使滴滴出行的物流能力与现有的配送体系优势互补,带来更广阔的想象空间。饿了么的电动车跑得再快,配送区域终究有限,但通过滴滴出行的汽车,可以轻松突破送餐 3 公里半径覆盖面的限制,实现城内远程配送,吸引更多优质特色商户和中高消费用户。而且,汽车的后备厢空间远比电动车的外卖箱空间大,可以满足配送数十人同时用餐的团餐需要。

此外,汽车与电动车运力整合,将解决大宗商品同城配送的难题。在主要物流干线上,大宗商品可以使用单车运力和速度相对较高的汽车配送,对于最后一公里的分送,则由更为灵活的电动车完成。基于高效的配送体系,饿了么将有望把"有菜"食材平台大宗商品的配送缩短到 12 小时以内,并切入近万亿体量的团餐市场。

Uber 已在国外推出了自己的外卖业务,并且非常成功。业内人士认为,滴滴出行战略入股饿了么,将复制 Uber 的成功模式。而对拥有滴滴出行庞大运力支持的饿了么,会在外卖物流领域领先其他同行大半个身位,美团外卖等平台将陷入被动。一方面,饿了么的餐厅覆盖面将扩大,订单量将成倍增长,商户对平台的黏性也会随之提高;另一方面,滴滴出行的汽车与饿了么的电动车合力构建的"2+4"同城配送体系,将优化白领用户的体验,进一步拉大外卖平台之间的份额差距。

7.2.5 小结

饿了么与滴滴出行的跨界合作主要体现在物流能力与配送能力的互补上,饿了么运用滴滴出行空闲的社会运力完成配送,可优先降低物流成本;同时滴滴出行借助饿了么丰沛的流量,提高车辆使用效率,扩大服务范围。滴滴出行和饿了么共同构建的同城配送体系,可以实现配送力的延伸,突破 3 公里半径限制,并通过实现物的运送,构建出行领域生态系统(见表 7-3)。

表 7-3　饿了么与滴滴出行跨界拼单服务模式小结

模式信息	模式要素	要素具体内容	说明
跨界拼单服务模式的参与者为饿了么和滴滴出行,双方通过配送力和物流能力互补,打造最大的同城配送体系	参与者	饿了么	
		滴滴出行	
	目标	搭建中国最大的同城配送体系	目标拥有者为饿了么和滴滴出行
		通过利用社会空闲运力资源的有效调配,降低物流成本	目标拥有者为饿了么
		构建出行领域生态系统	目标拥有者为滴滴出行
	过程	饿了么借助滴滴出行的空闲运力配送	影响:1.延长现有的配送半径,实现全城覆盖,并提高商户单量;2.借助汽车运量较大的优势,大宗商品如团餐、批发食材、餐厨用品等也将能快速送达用户和商户
		滴滴出行借助饿了么实现物的运送	影响:饿了么的外卖流量,可提升滴滴出行的车辆的使用效率和司机收入,在乘客出行的场景中加入饿了么的美食
	载体/资源	饿了么的物流配送能力	
		滴滴出行的运力空间	
		滴滴出行的调度能力	处理大规模的数据,并根据反馈信息进行整体调度和调控
	质量/价值	滴滴出行能有效提高车辆使用率,提升单量和扩大服务范围	滴滴出行获得感知价值
		为司机带来更多收入,增强司机黏性	滴滴出行获得货币价值
		物流能力与现有的配送体系优势互补、实现城内远程配送	饿了么获得货币价值
		"2+4"同城配送体系	滴滴出行和饿了么的感知价值

　　跨界服务是现代服务业在全球化、网络化大环境下出现的新的经济活动

和过程是现代企业管理的新内容和新形式,也是信息技术在现代服务业中的一个新的应用场景,它是由信息、经济、管理等多个学科交叉形成的研究内容。跨界服务的研究对于促进我国现代服务业的发展具有重要的理论指导意义,同时也能为我国众多的现代服务业企业的发展提供有力的技术和方法支持。

参考文献

Adner R, Kapoor R. Value creation in innovation ecosystems: How the structure of technological interdependence affects firm performance in new technology generations[J]. Strategic Management Journal, 2010, 31: 306-333.

Adner R, Zemsky P. A demand-based perspective on sustainable competitive advantage[J]. Strategic Management Journal, 2006, 27: 215-239.

Afuah A, Tucci C. Internet Business Models and Strategies[M]. New York: McGraw-Hill, 2001.

Ahuja G, Morris Lampert C. Entrepreneurship in the large corporation: A longitudinal study of how established firms create breakthrough inventions[J]. Strategic Management Journal, 2001, 22: 521-543.

Aithal S. Study on abcd analysis technique for business models, business strategies, operating concepts & business systems[J]. International Journal in Management and Social Science, 2016, 4(1):95-115.

Aldebei M M, Elhaddadeh R, Avison D E. Defining the business model in the new world of digital business [C]. 14th Americas Conference on Information Systems, AMCIS 2008, Toronto, Ontario, Canada,2008.

Alt R, Zimmermann H D. Preface: Introduction to special section — business models[J]. Electronic Market, 2001(11): 3-9.

Amit R, Zott C. Value creation in e-business[J]. Strategic Management Journal, 2001,22: 493-520.

Applegate L M, Collura M. Emerging networked business models: Lessons from the field [M]. Boston, MA: Harvard Business School Press, 2000.

Arnold C, Kiel D, Voigt K. How the industrial internet of things changes business models in different manufacturing industries[J]. International Journal of Innovation Management, 2016, 20: 1-25.

Arrow K. The organization of economic activity: Issues pertinent to the choice of market versus non-market allocation [J]. General Equilibrium, 1969,1:59-73.

Berghman L, Matthyssens P, Vandenbempt K. Building competences for new customer value creation: An exploratory study [J]. Industrial Marketing Management, 2006, 35: 961-973.

Betz F. Strategic business models [J]. Engineering Management Journal, 2002,14: 21-28.

Bonaccorsi A, Giannangeli S, Rossi C J M S. Entry strategies under competing standards: Hybrid business models in the open source software industry. Management Science, 2006, 52(7): 1085-1098.

Brousseau E, Penard T . The economics of digital business models: A framework for analyzing the economics of platforms. Review of network economics, 2007, 6(2): 1-34.

Calia R C, Guerrini F M, Moura G L. Innovation networks: From technological development to business model reconfiguration [J]. Technovation, 2007,27: 426-432.

Casadesus-Masanell R, Ricart J E. From strategy to business models and onto tactics[J]. Long Range Planning, 2010,43: 195-215.

Chandler A D. Strategy and Structure: Chapters in the History of the Industrial Enterprise[M]. Cambridge, MA: MIT Press,1990.

Chesbrough H. The role of the business model in capturing value from innovation: Evidence from xerox corporation's technology spin-off companies[J]. Industrial and Corporate Change, 2002,11: 529-555.

Chesbrough H, Rosenbloom R S. The role of the business model in capturing value from innovation: Evidence from xerox corporation's technology spin-off companies [J]. Industrial & Corporate Change, 2002,11: 529-555.

Chesbrough H W. The era of open innovation[J]. MIT Sloan Management Review, 2003, 44: 35-41.

Christensen C M. The innovator's dilemma: When new technologies cause great firms to fail [M]. Boston, MA: Harvard Business School Press, 1997.

Christensen C M, Rosenbloom R S. Explaining the attacker's advantage: Technological paradigms, organizational dynamics, and the value network[J]. Research Policy, 1995, 24: 233-257.

Clark C. The Conditions of Economic Progress [M]. London: Macmillan, 1940.

Clarkson M B E. A stakeholder framework for analyzing and evaluating corporate social performance [J]. The Academy of Management Review, 1995,20: 92-117.

Clarysse B, Wright M, Bruneel J, et al. Creating value in ecosystems: Crossing the chasm between knowledge and business ecosystems [J]. Research Policy, 2014, 43: 1164-1176.

Coase R H. The nature of the firm[J]. Economica, 1937, 4(16):386-405.

Coase R H. The problem of social cost[J]. Journal of Law & Economics, 1960(3): 1-44.

Dahl D W, Moreau P. The influence and value of analogical thinking during new product ideation [J]. Journal of Marketing Research, 2018,39: 47-60.

Demil B, Lecocq X. Business model evolution: In search of dynamic consistency [J]. Long Range Planning, 2010, 43: 227-246.

Dijkman R, Sprenkels B, Peeters T, et al. Business models for the internet of things[J]. International Journal of Information Management, 2015, 35: 672-678.

Donath J. Identity and deception in the virtual community [M]. in Communities in Cyberspace, M. A. Smith and P. Kollock (Eds.),

Routledge，NewYork，1999：29-59.

Fisher A G B. The Clash Between Progress and Security[M]. London：Macmillan，1935.

Fjeldstad O D, Snow C C J L R P. Business models and organization design [J]. Long Range Planning，2017，51(1)：32-39.

Fleisch E，Weinberger M，Wortmann F. Business models and the internet of things（extended abstract）[C].//Interoperability and Open-Source Solutions for the Internet of Things. New York：Springer International Publishing，2015：6-10.

Foss N J. New organizational forms—critical perspectives[J]. International Journal of the Economics of Business，2002(9)：1-8.

Freeman R E. Strategic Management：A Stakeholder Approach [M]. Cambridge：Cambridge University Press，1984.

Gambardella A，Giuri P，Luzzi A. The market for patents in europe [J]. Research Policy，2007，36：1163-1183.

Gassmann O. Opening up the innovation process：Towards an agenda[J]. R&D Management，2006,36：223-228.

Gassmann O，Frankenberger K，Csik M. The Business Model Navigator：55 Models that Will Revolutionise Your Business [M]. New York：Pearson，2014.

George G，Bock A J. The business model in practice and its implications for entrepreneurship research[J]. Entrepreneurship Theory and Practice，2011，35：83-111.

Ghaziani A，Ventresca M J. Keywords and cultural change：Frame analysis of business model public talk，1975-2000[J]. Sociologica Forum，2005，20：523-559.

Gordijn J，Akkermans H. Designing and evaluating e-business models[J]. IEEE Intelligent Systems，2001，16：11-17.

Hamel G. Leading the revolution [M]. Boston，MA：Harvard Business School Press，2000.

Hargadon A，Sutton R I. Technology brokering and innovation in a product development firm [J]. Administrative Science Quarterly, 1997, 42: 716-749.

Hinterhuber A. Value chain orchestration in action and the case of the global agrochemical industry[J]. Long Range Planning, 2002, 35: 615-635.

Holyoak K J, Holyoak K J, Thagard P. Mental leaps: Analogy in creative thought [M]. Boston, MA: MIT Press, 1996.

Horowitz A, Lai E. Patent length and rate of innovation [J]. International Economic Review, 1996, 37: 785-801.

Horvath L. Collaboration: The key to value creation in supply chain management [J]. Supply Chain Management, 2001, 6: 205-207.

Huarng K-H. A two-tier business model and its realization for entrepreneurship[J]. Journal of Business Research, 2013, 66: 2102-2105.

Ibarra D, Ganzarain J, Igartua J I. Business model innovation through industry 4.0: A review [J]. Procedia Manufacturing, 2018, 22: 4-10.

Jacobides M G, Knudsen T, Augier M. Benefiting from innovation: Value creation, value appropriation and the role of industry architectures[J]. Research Policy, 2006, 35: 1200-1221.

Jantunen A, Ellonen H-K, Johansson A, et al. Beyond appearances-do dynamic capabilities of innovative firms actually differ? [J]. European Management Journal, 2012,30: 141-155.

Johnson M W, Christensen C M, Kagermann H. Reinventing Your Business Model[M]. Watertown: Harvard Business School Publishing Corporation, 2008.

Kim N, Min S, Chaiy S. Why do firms enter a new product market? A two-dimensional framework for market entry motivation and behavior[J]. Journal of Product Innovation Management, 2015, 32: 263-278.

Kim W C, Mauborgne R. Creating new market space [M]. Boston, MA: Harvard Business School Press, 1999.

Kurniawan D A, Abidin M Z. The analysis of tourism development strategy at kampoeng durian in the region of ngrogung ngebel ponorogo through nine approach components of business model canvas[J]. KnE Social Sciences, 2020, 4(3), 104-116.

Laursen K, Salter A. Open for innovation: The role of openness in explaining innovation performance among UK manufacturing firms[J]. Strategic Management Journal, 2006,27: 131-150.

Linder J C, Cantrell S. Five business-model myths that hold companies back [J]. Strategy & Leadership, 2001, 29: 13-18.

Lippman S, Rumelt R. Demand uncertainty and investment in industry—specific capital. Industrial and Corporate Change, 1992, 1: 235-262.

Magali D, Alexander O, Yves P. E-business model design, classification, and measurements [J]. Thunderbird International Business Review, 2002, 44: 5-23.

Magretta J. Why business models matter[J]. Harvard business review, 2002, 80: 86-93.

Markides C C. A dynamic view of strategy[J]. Sloan Management Review, 1999, 40: 55-63.

Mason K, Spring M. The sites and practices of business models [J]. Industrial Marketing Management, 2011, 40: 1032-1041.

Mason K J, Chakrabarti R. The role of proximity in business model design: Making business models work for those at the bottom of the pyramid [J]. Industrial Marketing Management, 2017, 61: 67-80.

Mcgrath R G. Business models: A discovery driven approach[J]. Long Range Planning, 2010, 43: 247-261.

Mendelson H J M S. Organizational architecture and success in the information technology industry [J]. Management Science, 2000, 46: 513-529.

Meyer A D, Tsui A S, Hinings C R. Configurational approaches to organizational analysis [J]. Academy of Management Journal, 1993, 36: 1175-1195.

Mezger F. Toward a capability-based conceptualization of business model innovation: Insights from an explorative study [J]. R & D Management, 2014, 44: 429-449.

Miles R, Snow C, Meyer A, et al. Organizational strategy, structure, and process[J]. Academy of Management Review, 1978,3: 546-562.

Miller D. Relating porter's business strategies to environment and structure: Analysis and performance implications [J]. Academy of Management Journal, 1988, 31: 280-308.

Miller D. Configurations revisited [J]. Strategic Management Journal, 1996, 17: 505-512.

Min J. Sources of transfer problems in within-industry diversification [J]. Industrial and Corporate Change, 2016, 25: 591-609.

Moore J F. Predators and prey: A New Ecology of Competition [M]. Boston, MA: Harvard Business School Press, 1993.

Moore J F. The Death Of Competition: Leadership and Strategy in the Age of Business Ecosystems [M]. New York: Harper Business,1996.

Morris M H, Schindehutte M, Allen J. The entrepreneur's business model: Toward a unified perspective[J]. Journal of Business Research, 2005, 58: 726-735.

Muller J, Buliga O, Voigt K. Fortune favors the prepared: How SMEs approach business model innovations in industry 4. 0[J]. Technological Forecasting and Social Change, 2018,132: 2-17.

Ojala A, Tyrväinen P. Business models and market entry mode choice of small software firms [J]. Journal of International Entrepreneurship, 2007, 4: 69-81.

Osterwalder A. The Business Model Ontology a Proposition in a Design Science Approach [A]. Université de Lausanne, Faculté des hautes études commerciales, 2004.

Osterwalder A, Pigneur Y. Business Model Generation: A Handbook for Visionaries, Game Changers, and Challengers [M]. Hoboken, NJ: Wiley,2010.

Osterwalder A, Pigneur Y, Oliverira M A-Y. Business Model Generation:

A Handbook for Visionaries, Game Changers, and Challengers [M]. Hoboken NJ: John Wiley & Sons, 2011.

Osterwalder A, Pigneur Y, Tucci C. Clarifying business models: Origins, present, and future of the concept [J]. Communications of the Association for Information Systems, 2005,16: 1-25.

Pasternak B, Viscio A. The Centerless Corporation [M]. New York: Simon & Schuster,1998.

Penrose E. The Theory of Growth of the Firm [M]. New York: Wiley,1959.

Petrovic O, Kittl C, Teksten R. Developing business models for ebusiness [C]. International Electronic Commerce Conference, Vienna, 2001.

Piller F T, Walcher D. Toolkits for idea competitions: A novel method to integrate users in new product development[J]. R & D Management, 2006,36: 307-318.

Porter M E. Competitive Strategy [M]. New York: Free Press,1980.

Porter M E. Competitive Advantage: Creating and Sustaining Superior Performance [M]. New York: Free Press,1985.

Prahalad C K, Hamel G. The Core Competence of the Corporation [J]. Harvard Business Review,1990:79-91.

Rai A, Tang X. Research commentary—information technology-enabled business models: A conceptual framework and a coevolution perspective for future research [J]. Information Systems Research, 2014,25: 1-14.

Rappa M. Business Models on the Web[M]//Wang P. Evaluated Business Models. Raleigh: North Carolina State University,2000.

Rayport J F, Jaworski B J. Introduction to e-Commerce [M]. New York: McGraw-Hill,2002.

Reim W, Parida V, Ortqvist D. Product-service systems (pss) business models and tactics — a systematic literature review [J]. Journal of Cleaner Production, 2015,97: 61-75.

Rhenman E. Industrial Democracy and Industrial Management: A Critical Essay on the Possible Meanings and Implications of Industrial

Democracy[M]. ASSEN: VAN GORCUM, 1968.

Rothaermel F T. Incumbent's advantage through exploiting complementary assets via interfirm cooperation [J]. Strategic Management Journal, 2001, 22: 687-699.

Santos J, Spector B, Ludo V D H. Toward a Theory of Business Model Innovation Within Incumbent Firms [R]. Frontainebleau, France: INSEAD working paper series, 2009.

Schneider S, Spieth P. Business model innovation: Towards an integrated future research agenda [J]. International Journal of Innovation Management, 2013,17(1): 1-34.

Schumpeter J. The Theory of Economic Development [M]. Cambridge, MA, USA: Harvard University Press, 1934.

Schumpeter J. Business Cycles: A Theoretical, Historical, and Statistical Analysis of the Capitalist Process [M]. New York: McGraw-Hill,1939.

Schumpeter J A. Capitalism, socialism, and democracy [J]. Political Studies, 1942, 3: 594-602.

Seddon P, Lewis G. Strategy and business models: What's the difference? [C]. 7th Pacific Asia Conference on Information Systems, Adelaide, South Australia, 2003.

Shafer S M, Smith H J, Linder J C. The power of business models[J]. Business Horizons, 2005,48: 200-207.

Sosna M, Trevinyo-Rodríguez R N, Velamuri S R. Business model innovation through trial-and-error learning: The naturhouse case[J]. Long Range Planning, 2010,43: 383-407.

Teece, David J J L R P. Business models and dynamic capabilities[J]. Long Range Planning, 2017, 51(1): 40-49.

Teece D J. Profiting from technological innovation: Implications for integration, collaboration, licensing and public policy[J]. Research Policy, 1986,15: 285-305.

Teece D J. Business models, business strategy and innovation [J]. Long

Range Planning, 2010,43: 172-194.

Tidström A. Managing tensions in coopetition[J]. Industrial Marketing Management, 2014,43: 261-271.

Timmers P. Business models for electronic markets [J]. Journal of Electronic Markets, 1998, 8: 3-8.

Velu C, Stiles P. Managing decision-making and cannibalization for parallel business models [J]. Long Range Planning, 2013,46: 443-458.

Weill P, Vitale M. What it infrastructure capabilities are needed to implement e-business models? [J]. Mis Quarterly Executive, 2002,1: 17-34.

Wernerfelt B. A resource-based view of the firm[J]. Strategic Management Journal, 1984, 5(2): 171-180.

Williamson O E. Markets and Hierarchies: Analysis and Antitrust Implications[M]. New York: The Free Press, 1975.

Williamson O E. The economic institutions of capitalism [M]. New York: Free Press,1985.

Williamson O E. The lens of contract: Private ordering [J]. American Economic Review,2002, 92:438-443.

Wu J B, Guo B, Shi Y J. Customer knowledge management and it-enabled business model innovation: A conceptual framework and a case study from China[J]. European Management Journal, 2013,31: 359-372.

Wu X, Ma R, Shi Y. How do latecomer firms capture value from disruptive technologies? A secondary business-model innovation perspective [J]. IEEE Transactions on Engineering Management, 2010, 57: 51-62.

Wu X B, Yao M M, Chen S C. An analytical framework of business model based on the value network [C]. 2012 International Symposium on Management of Technology, Hangzhou, China, 2012.

Zhang Y, Wen J J P t-P N. The IoT electric business model: Using blockchain technology for the internet of things [J]. Applications, 2017,10: 983-994.

Zhao Y, Delft S, Morgan-Thomas A, et al. The evolution of platform business models：Exploring competitive battles in the world of platforms[J]. Long Range Planning，2020,53(4)：101-892.

Zott C，Amit R. Business model design and the performance of entrepreneurial firms[J]. Organization Science, 2007,18：181-199.

Zott C，Amit R. The fit between product market strategy and business model：Implications for firm performance [J]. Strategic Management Journal，2008，29：1-26.

Zott C，Amit R. Business model design：An activity system perspective [J]. Long Range Planning，2010,43：216-226.

Zott C，Amit R. The business model：A theoretically anchored robust construct for strategic analysis [J]. Strategic Organization，2013,11：403-411.

Zott C, Amit R. Business model innovation：How to create value in a digital world [J]. GfK Marketing Intelligence Review，2017，9：18-23.

Zott C，Amit R，Massa L. The business model：Recent developments and future research[J]. Journal of Management，2011，37：1019-1042.

陈庆修. 发展服务业应把握好两个优势——传统服务业比较优势和现代服务业后发优势分析[J]. 世界标准化与质量管理,2007(2):16-19.

陈威如,余卓轩. 平台战略:正在席卷全球的商业模式革命[M].北京:中信出版社，2013.

龚丽敏,江诗松,魏江. 试论商业模式构念的本质、研究方法及未来研究方向[J]. 外国经济与管理，2011,33(3)：1-8.

胡桂珍. O2O 模式在我国餐饮企业中的应用研究[J]. 中国商贸，2013(7)：128-129.

江积海. 国外商业模式创新中价值创造研究的文献述评及展望[J]. 经济管理，2014,36(8)：187-199.

江积海,李琴. 平台型商业模式创新中连接属性影响价值共创的内在机理——Airbnb 的案例研究[J]. 管理评论，2016,28(7)：252-260.

李海舰,田跃新,李文杰. 互联网思维与传统企业再造[J].中国工业经济，2014(10):135-146.

李鸿磊,黄速建. 智能化时代的商业模式特征及创新路径[J]. 经济与管理研究，2017，38(6)：113-123.

李文莲，夏健明. 基于"大数据"的商业模式创新[J]. 中国工业经济，2013(5)：83-95.

刘蕾，鄢章华. 共享经济——从"去中介化"到"再中介化"的被动创新[J]. 科技进步与对策，2017，34(7)：14-20.

刘徐方. 现代服务业对第三产业增长贡献的实证研究[J]. 中国城市经济，2012(2)：72-74.

刘重. 论现代服务业的理论内涵与发展环境[J]. 理论与现代化，2005(6)：47-50.

魏炜，朱武祥. 发现商业模式[M]. 北京：机械工业出版社，2012.

吴朝晖，邓水光. 跨界服务：现代服务业的创新服务模式[J]. 中国计算机学会通讯，2012，8(8)：42-45.

吴东. 工业4.0下的制造业新增长范式[J]. 北大商业评论，2015(8)：102-107.

吴东. 跨界服务，赢在包容[J]. 清华管理评论，2016(12)：49-53.

吴东，姚明明. 新兴服务业跨界服务商业模式研究——体系构建与案例分析[M]. 杭州：浙江大学出版社，2017.

吴晓波，吴东. 二次商业模式创新从后发劣势到后发优势[J]. 管理学家(实践版)，2011(7)：37-39.

吴晓波，赵子溢. 商业模式创新的前因问题：研究综述与展望[J]. 外国经济与管理，2017，39(1)：114-127.

吴晓波，朱培忠，吴东，等. 后发者如何实现快速追赶？——一个二次商业模式创新和技术创新的共演模型[J]. 科学学研究，2013，31(11)：1726-1735.

徐杰，王凯华. 电子商务及其在我国应用现状分析[J]. 企业经济，2003(10)：86-87.

原磊. 国外商业模式理论研究评介[J]. 外国经济与管理，2007，29(10)：17-25.

郑祥龙，梅姝娥. 基于价值网的科技服务平台商业模式研究[J]. 科技管理研究，2015(5)：35-38.

曾涛. 系统锁定：网络时代的商业智慧[M]. 北京：机械工业出版社，2010.

周琳，吴珺. 关于建立新产业、新业态、新商业模式统计制度的思考[J]. 浙江经济，2016(2)：32-35.